Lektürehilfen
Bernhard Schlink
„Der Vorleser"

von Hanns-Peter Reisner

Ernst Klett Verlag
Stuttgart Düsseldorf Leipzig

Alle Seitenangaben zum Romantext beziehen sich auf folgende
Ausgabe:
Bernhard Schlink, Der Vorleser
Diogenes Verlag, Zürich 1997 (detebe 22953)

Die Deutsche Bibliothek – CIP-Einheitsaufnahme

Ein Titeldatensatz für diese Publikation ist bei
Der Deutschen Bibliothek erhältlich

9 783129 223666

Auflage 4. 3. 2. | 2004 2003 2002

Die letzte Zahl bezeichnet jeweils die Auflage und das Jahr dieses
Druckes.
Dieses Werk folgt der reformierten Rechtschreibung und Zeichen-
setzung. Ausnahmen bilden Texte, bei denen künstlerische, philo-
logische oder lizenzrechtliche Gründe einer Änderung entgegen-
stehen.
Internetadresse: http://www.klett-lerntraining.de
E-Mail: klett-kundenservice@klett-mail.de
Umschlagabbildung: © Ullstein Bilderdienst
Einbandgestaltung: Bayerl & Ost, Frankfurt a.M.
Satz: Wilhelm Röck, Weinsberg
Druck: Clausen & Bosse, Leck. Printed in Germany
ISBN 3-12-922366-5

Inhalt

1. Die Handlung des Romans

Erster Teil: Die Geschichte einer Liebe

Kapitel 1

Zu Beginn des Romans berichtet der Ich-Erzähler in knapper Form von einer Gelbsuchterkrankung, die ihn als fünfzehnjährigen Jungen im Herbst befällt und von der er sich erst im Frühjahr des darauf folgenden Jahres wieder erholt. Nachdem er sich schon einige Tage schwach gefühlt hat, muss sich der Junge auf dem Heimweg von seiner Schule vor einem auffallend prächtigen Haus in der Bahnhofstraße plötzlich übergeben. Eine Frau nimmt sich seiner an, wäscht seine Hände, sein Gesicht und spült den Gehweg sauber. Sie umarmt den weinenden Jungen, der ihren Körper und ihren Geruch spürt, und sie tröstet ihn. Danach bringt sie ihn nach Hause, wo schließlich ein Arzt seine Krankheit diagnostiziert. Nun, nachdem er wieder zu Kräften gekommen ist, geht er auf Geheiß seiner Mutter mit einem Blumenstrauß in die Bahnhofstraße, um sich bei der Frau für ihre Hilfe zu bedanken.

Gelbsucht und Erste Hilfe

Kapitel 2

Die Erinnerung an die Bahnhofstraße nimmt der Ich-Erzähler zum Anlass, über die Geschichte des Hauses und seine Bedeutung für ihn nachzudenken. Inzwischen ist das alte Haus abgerissen, so wird einleitend berichtet, und ein modernes Apartmenthaus mit wechselnden Geschäften im Erdgeschoss steht heute an seiner Stelle. Reich mit Erkern, Balkonen, Säulen und einem Löwen verziert ist hingegen das alte Haus gewesen, mit sich verjüngenden Stufen ins Treppenhaus. Es hat die Häuserzeile beherrscht und der Junge hat es sich damals im Innern üppig ausgestattet vorgestellt. Ebenso herr-

Das Haus in der Bahnhofstraße

schaftlich hat er sich die Menschen ausgemalt, düster jedoch wie die vom Rauch der Züge angedunkelte Fassade. Auch berichtet der Ich-Erzähler, dass dieses Haus ihn in seinen Träumen immer wieder heimsucht. Er sieht es in anderen Städten, in anderen Ländern, was ihn nicht befremdet und nicht daran hindert, eintreten zu wollen. Manchmal taucht es auf dem Land auf, das er mit dem Auto durchfährt, in der Pfalz oder Provence und in der Helligkeit und Hitze verändert sich sein Aussehen. Wenn er hineingehen will, wacht er auf und erinnert sich, dass er diesen Traum schon kennt.

Kapitel 3

Vor dem Haus in der Bahnhofstraße wird der Junge von einem hilfsbereiten Hausbewohner in den dritten Stock zu einer Frau Schmitz geschickt. Das Treppenhaus enttäuscht seine Erwartungen, der vermutete Prunk ist heruntergekommen, der Geruch nach Putzmitteln vermischt sich manchmal mit dem Dunst von Essen und Wäsche. Wenig Erinnerungen verbindet der Ich-Erzähler mit den bei ihrer ersten Begegnung geführten Gesprächen, genauer hingegen beschreibt er die große fensterlose Wohnküche mit Badewanne und Badeofen, das unbenutzte Wohnzimmer mit Blick auf den alten Bahnhof, auf dessen Territorium bereits die Fundamente für Gerichts- und Behördengebäude entstehen. Ruhig und konzentriert bügelt Frau Schmitz ein Wäschestück nach dem andern, auch ihre Unterwäsche, was der Junge irritiert verfolgt. Aus der zeitlichen Distanz heraus beschreibt der Ich-Erzähler Frau Schmitz als einen insgesamt kräftigen, selbstbewussten, herben Frauentyp. Er betont, dass er sie damals schön fand, sich diese Schönheit jetzt aber nicht mehr vergegenwärtigen kann.

Kapitel 4

Als der Junge gehen möchte, will Frau Schmitz ihn ein Stück begleiten. Im Flur wartend, sieht er durch einen Türspalt, wie sie sich die Strümpfe hochstreift und an den Strumpfbändern festmacht, und kann seine Augen nicht mehr abwenden. Verlegenheit überfällt ihn, als er merkt, dass sie seinen genau beobachtenden Blick erspürt. Vor Scham errötend rennt er aus dem Haus. Doch wie er in seine vertraute Umgebung zurückkehrt, ärgert er sich über sein kindliches Verhalten. Es beschäftigt ihn, dass er seinen Blick auf ihr ruhen lassen muss, er vergleicht ihren Körper mit dem seiner Mitschülerinnen und schätzt ihr Alter auf etwas über dreißig Jahre. Rückblickend gesteht der Ich-Erzähler, dass die damals erlebte Faszination und Anziehung später durch Strapse und Spitzen nicht mehr wiederholbar gewesen ist. Er erkennt, dass nicht die aufreizende Pose, sondern die Weltvergessenheit und der innere Rhythmus dieser Frau die verführerische Kraft auf ihn ausgeübt haben. Sie sind es, die ihn dazu eingeladen haben, im Innern ihres Körpers Weltvergessenheit zu finden. Als sich der Junge nach seiner Flucht die gerade erlebte Situation noch einmal vor Augen führt, gerät er erneut in Erregung.

Erotisierung der Beziehung

Verführung durch Weltvergessenheit

Kapitel 5

Eine Woche lang versucht der Junge vergebens, sich abzulenken. Noch darf er nicht wieder in die Schule gehen, entfremdet sich seinen Schulkameraden und ist zur Schonung seiner Gesundheit verpflichtet. Nach einer Woche besucht er Frau Schmitz erneut und steht vor ihrer Tür. Diese Situation benutzt der Erzähler dazu, über die Bedeutung der Krankheit in Kindheit und Jugend nachzudenken. Wenn der Kranke in seinem Zimmer isoliert liegt, wachend die verrinnende Zeit erlebt, verzerrt sich die vertraute Umgebung und er verliert sich in ein Labyrinth von Vorstellungen und Wünschen. Einerseits

Begierde und Schuldgefühle

kann sich der Junge von sexuellen Träumen und Fantasien nicht lösen, ja wünscht sie sich auch herbei, andererseits führen sie, bedingt durch seine moralische Erziehung, zu einem schlechten Gewissen. Doch wenn die Vorstellung, so hilft er sich aus dem Dilemma, ebenso schlimm sein solle wie die Handlung selbst, dann entscheidet er sich gleich für die sündige Tat. Aus der Distanz des Schreibenden heraus erkennt der Ich-Erzähler hier ein Muster seines persönlichen Verhaltens: Was immer er sich mit seiner Vernunft zurechtlegt, sein Handeln wird oft von ganz anderen Kräften bewegt.

Kapitel 6

Erste sexuelle Begegnung

Da Frau Schmitz nicht zu Hause ist, setzt sich der Junge auf die Stufen vor ihrer Eingangstür, hört das Schlagen der Uhr, die Kreissäge des Schreiners und die Geräusche im Haus. Schließlich kommt Frau Schmitz in der Uniform einer Straßenbahnschaffnerin und schickt ihn in den Keller, zwei Schütten Koks zu holen. Beim Füllen der zweiten Schütte gerät der Koksberg in Bewegung und Kohlenstaub überdeckt den Jungen. Frau Schmitz lacht über ihn, redet ihn mit „Jungchen" an und lässt ihm ein Bad einlaufen. Nur zögernd zieht er sich aus, während sie ihn ruhig ansieht und verlegen macht. Das warme Bad erregt ihn und während sie ihn mit einem großen Badetuch abtrocknet, merkt er, dass auch sie inzwischen nackt ist, und spürt ihren Körper. Als sie ihre Hand auf sein Geschlecht legt und ihm zu verstehen gibt, dass er doch deswegen da sei, ist er überwältigt. Nach anfänglicher Angst gibt er sich ihr hin, erforscht ihren Körper und sie schläft mit ihm. Den lauten Schrei, den der sexuelle Höhepunkt in ihm auslöst, erstickt sie mit ihrer Hand.

Kapitel 7

Ablösung von der Familie

In der Nacht darauf verliebt sich der Junge in die Frau. Vor Sehnsucht und Erregung schläft er schlecht und der Ich-Erzähler gesteht, auch heute noch nach einer Liebesnacht das Gefühl zu haben, verwöhnt worden zu sein und es entgelten zu müssen. Er erinnert sich an seine Kindheit, als seine Mutter ihn als Vierjährigen vor dem warmen Herd gewaschen und angekleidet hat. Wenn er nun wieder in die Schule geht, so deshalb, weil er sich durch die Liebe verwöhnt fühlt, aber auch, um seine erworbene Männlichkeit zu zeigen. Zunächst muss sich der Junge jedoch noch vor seiner Familie rechtfertigen, nach seinem Liebesnachmittag erst zum Abendessen nach Hause gekommen zu sein. Er gibt vor, sich auf einem Spaziergang verlaufen zu haben, und handelt sich mit dieser Ausrede den Spott seiner Geschwister ein. Entschlossen und klar teilt der Junge daraufhin mit, dass er wieder zur Schule gehen werde. Die Entscheidung darüber gibt die Mutter an den Vater weiter, der als Professor der Philosophie sich Zeit nimmt, darüber nachzudenken. Hier teilt der Erzähler mit, dass der Junge gelegentlich die Empfindung hat, sein Vater betrachte seine Familienmitglieder als unterhaltsame, aber auch lästige Haustiere, und dass sich der Junge einen zentraleren Stellenwert im Leben seines Vaters gewünscht habe. Jetzt, nach seinem ersten sexuellen Erlebnis, verbindet den Jungen mit seiner Familie ein Gefühl der Liebe, aber gleichzeitig auch ein Gefühl des Abschieds. Da unterbricht sein Vater das Schweigen und erteilt dem Vorsatz des Jungen, anderntags wieder in die Schule zu gehen, seine Zustimmung.

Dominanz des Vaters

Kapitel 8

Für die täglichen Liebesbegegnungen schwänzt der Junge die letzte Schulstunde, um zum Mittagessen zu Hause zu sein. Es bilden sich feste Gewohnheiten heraus: Sie beginnen ihr Zusammensein mit einem gründlichem Duschbad, es folgen Liebesspiel und Liebesakt, dann das Ausruhen, währenddessen dem Jungen die Geräusche der Säge, der Handwerker und des

Namentliche Vorstellung

Verkehrs in der Bahnhofstraße bewusst werden. Zunächst hat er den Eindruck, dass die Frau von ihm Besitz ergreife und sich mit ihm ihre Lust verschaffe, später gelingt es ihm zunehmend, auch seine eigenen sexuellen Bedürfnisse zu verwirklichen. Am sechsten oder siebten Tag fragt sie der Junge nach ihrem Vornamen, worauf sie irritiert und misstrauisch reagiert. Sie heiße Hanna, sagt sie schließlich lachend und formuliert die Gegenfrage. Der Junge stellt sich als Michael Berg, Schüler der Untersekunda, vor, wundert sich aber, dass sie seinen Namen

Unterschiedliche Arbeitsauffassung

auf seinen Schulbüchern und Heften nicht schon längst bemerkt hat. Als er ihr sagt, er wolle sie häufiger sehen, da er wegen seiner Krankheit ohnedies sitzen bleibe, wenn er nicht „wie blöd" arbeite, wirft sie ihn aus dem Bett. Nackt in der Küche stehend spielt sie ihm vor, wie „blöd" das Verkaufen von Fahrscheinen als Straßenbahnschaffnerin ist. Daraufhin verspricht Michael zu arbeiten, wenn er nur weiterhin mit ihr zusammensein könne, zieht sich an und geht, in Gedanken über ihre Beziehung versunken.

Kapitel 9

„Häßliche Wahrheiten" in Andeutungen

Wenn er an die damalige glückliche Zeit zurückdenkt, befällt Traurigkeit den Ich-Erzähler. Er fragt sich, warum Vergangenes dadurch brüchig werden könne, dass es „häßliche Wahrheiten" verberge. Er zeichnet sich selbst als zu jener Zeit schlaksigen Jungen mit Kassenbrille, Anzüge des Onkel auftragend, als mittelmäßigen Schüler, aber voller Glaube in die Zukunft und sich in seinem Körper wohl fühlend. Hanna beantwortet seine Fragen nach ihrer Vergangenheit und ihren Zukunftsplänen eher unwillig. Michael erfährt, dass sie sechsunddreißig Jahre alt, in Siebenbürgen aufgewachsen ist, bei Siemens gearbeitet hat, „zu den Soldaten geraten" ist und an ihrem jetzigen Beruf als Straßenbahnschaffnerin die Uniform und die Bewegung liebt. Für die Osterferien plant er mit ihr eine Fahrradtour. Nach einem Gespräch über seinen

Vorlesen als Ritual

Deutschunterricht äußert Hanna überraschend den Wunsch, er möge ihr aus seinen Schullektüren vorlesen. Zögerlich geht Michael darauf ein, liest aus „Emilia Galotti" und „Kabale und Liebe" und findet in ihr eine aufmerksame Zuhörerin. Von nun an wird das Liebesritual um die Gewohnheit des Vorlesens erweitert.

Kapitel 10

Weil er ihre Nähe und Zärtlichkeit sucht, steigt Michael am ersten Tag der Osterferien frühmorgens in eine Straßenbahn, in der Hanna Frühschicht hat. Er wählt den leeren zweiten Wagen, sieht Hanna mit dem Fahrer plaudern, auch kreuzen sich ihre Blicke, doch seine Erwartung, sie komme zu ihm und wende sich ihm zu, erfüllt sich nicht. Schließlich fühlt er sich aus ihrer Lebenswelt ausgestoßen, verlässt die Straßenbahn und läuft mit den Tränen kämpfend zur Stadt zurück. Mittags erwartet er sie auf ihrer Türschwelle, um die „wie ein böser Traum" auf ihm lastenden Ereignisse aufzuarbeiten. Doch seinen Vorwurf, sie habe getan, als kenne sie ihn nicht, kehrt sie um und hält ihm vor, er seinerseits habe sie nicht kennen wollen. Michael muss die Erfahrung machen, mit seiner Empörung an Hanna nicht heranzukommen. Sie nötigt ihn zu gehen, doch als er kurz darauf wieder bei ihr erscheint, hat er den Eindruck, es sei alles für eine Rückkehr und ein Zusammensein vorbereitet. Der Ich-Erzähler deutet diese Vorfälle als eine entscheidende Machtprobe, die Michael durch seine Kapitulation verloren und die die Art seiner Beziehung zu Hanna geprägt habe. Sie habe über ihn triumphiert und er sich unterworfen. Auf Michaels Versuche, sich mit ausführlichen Briefen verständlich zu machen, reagiert Hanna nicht.

Kapitel 11

Am Ostermontag brechen Michael und Hanna zu einer viertägigen Fahrradtour auf. Michael hat sein Taschengeld gespart und seine Briefmarkensammlung weit unter Wert verkauft, um für Hanna bezahlen zu können. Hanna hat auf der Karte die Reiseroute nicht mitgeplant, wie sie sich auch jetzt nicht um Wegweiser kümmert, die Auswahl der Gasthöfe, das Ausfüllen der Meldezettel und das Lesen der Speisekarte Michael überlässt. Eines Morgens verlässt Michael das gemeinsame Zimmer, um das Frühstück hochzubringen und einen Blumenladen zu suchen. Er hinterlässt ihr deshalb einen Zettel auf dem Nachttisch, doch als er wiederkommt, steht

Hanna wütend im Zimmer und schlägt ihm mit ihrem schmalen Ledergürtel über das Gesicht, so dass seine Lippe platzt. Danach verfällt sie in ein tonloses Schreien, von dem sie sich erst dann wieder erholt, als Michael sie in die Arme schließen kann. Bestürzt stellt er fest, dass Hanna keinen Zettel wahrgenommen hat, auch kein Zettel mehr auffindbar ist, Hanna also geglaubt hat, er habe sie verlassen. Ob er damals nicht genauer nach den Ursachen für Hannas Wut hätte nachforschen müssen, fragt sich der Erzähler rückblickend. Jedoch endet der Zwist in harmonischer Liebe, die eine Veränderung ihrer Sexualität signalisiert. Sie ergreifen jetzt nicht mehr voneinander Besitz, sondern können aufeinander eingehen. Als poetisches Zeugnis für diesen neuen Zustand fügt der Erzähler ein damals entstandenes Gedicht ein.

Kapitel 12

Damit Michael in der letzten Woche der Osterferien allein zu Hause bleiben kann, muss er seine kleine Schwester bestechen. Er stiehlt für sie ein Paar Blue Jeans und einen Nicki. Als er schließlich noch in einem Kaufhaus ein seidenes Nachthemd für Hanna entwendet, wird er entdeckt und kann sich nur durch eine schnelle Flucht retten. Als er Hanna an einem Abend zu sich nach Hause einlädt, betritt sie auch die Bibliothek seines Vaters und fährt mit ihrem Finger langsam die Bücherrücken entlang, ein Bild, an das sich der Erzähler immer wieder erinnert. Ob dies nur die von seinem Vater gelesenen oder auch die von ihm geschriebenen Bücher seien, will Hanna wissen und Michael holt ein Kant- und ein Hegel-Buch seines Vaters hervor. Er liest ihr aus dem Kant-Buch vor, ohne dass einer von ihnen etwas versteht. Auf Hannas Frage, ob Michael später auch einmal solche Bücher schreiben werde, antwortet er, das wisse er nicht. Dann schenkt Michael ihr das seidene Nachthemd und Hanna tanzt vor Freude. Auch dies ist ein Bild, das dem Erzähler von Hanna geblieben ist.

Vor den Büchern des Vaters

Kapitel 13

Die neue Klasse

Mit Beginn des neuen Schuljahrs wird Michael von der Unter- in die Obersekunda versetzt, die alten Klassen werden aufgelöst und von den Mädchen aus den ehemaligen Parallelklassen sind nun einige in seiner neuen Klasse. Im Gegensatz zu seinen Mitschülern weicht er den Mädchen nicht aus, sondern begegnet ihnen gelassen, da er die Frauen zu kennen glaubt. Die trotz aller Konflikte gute Beziehung zu Hanna stärkt sein Selbstbewusstsein. Der Ich-Erzähler ruft sich die Ödnis des neuen Klassenzimmers noch einmal vor Augen, die Wände mit gelber Ölfarbe, die milchigen Kugellampen. Doch zu Michaels Banknachbarin jenseits des Gangs, zu der braun gebrannten Sophie, entstehen erste Kontakte. Irritiert bemerkt Michael, dass sich bei der Übersetzung der Odyssee und der Beschreibung Nausikaas Sophies Bild neben das Hannas schiebt.

Sophie neben Hanna

Kapitel 14

„Gleitflug" der Liebe

Um das Stadium ihrer Liebesbeziehung zu verdeutlichen, bedient sich der Ich-Erzähler des Bilds eines Flugzeugs, dessen Motoren zwar ausgefallen sind, das aber dennoch nicht gleich abstürzt, sondern in unmerklichem Gleitflug sich dem Boden nähert. Michael liest Hanna Tolstois „Krieg und Frieden" vor, worauf sie zwar mit der gewohnten Spannung, jedoch mit merklicher Zurückhaltung und Scheu reagiert. Als sie beieinander liegen und Hanna, die Michael meist mit „Jungchen" angeredet hat, eine Reihe von Kosenamen für ihn erfindet, fragt sie ihn, woran er denke, wenn sie in seinen Armen liege. Michael erwidert, er denke an ein Pferd. Da kann er ihr Entsetzen nur dadurch beschwichtigen, dass er ihr seine positiven Assoziationen bei dem Gedanken an ein Pferd ausmalt. Häufiger ist Michael jetzt im Schwimmbad, wo sich im Sommer das gesellige Leben seiner Klasse abspielt. Als dort im Juli sein Geburtstag gefeiert wird und er sich von seinen Klassenkameraden und -kameradinnen losreißt, um zu Hanna zu gehen, trifft er sie abgespannt und schlecht gelaunt. Obwohl er es darauf anlegt, stellt sie keine Fragen und es entsteht ein Streit. Trotz aller Verlustangst empfindet er Groll und sehnt sich ins Schwimmbad zurück.

„Pferd" als Kosename für Hanna

Kapitel 15

Michaels „Verrat"

Er habe Hanna dadurch verraten, so deutet der Ich-Erzähler rückblickend sein damaliges Verhalten, dass er sie verleugnet habe. Verleugnen sei zwar nur eine „unscheinbare Variante des Verrats", doch entziehe es einer Beziehung ihre Basis. Durch die sommerlichen Treffen im Schwimmbad entstehen freundschaftliche Beziehungen zu einzelnen Klassenkameraden, auch zu seiner Banknachbarin Sophie. Michael verpasst die Gelegenheit, den anderen von Hanna zu erzählen, gleichzeitig spüren seine Freunde aber, dass er etwas verbirgt. Als Michael und Sophie sich nach einem Schwimmbadbesuch vor einem Gewitter schützend unterstellen, fragt sie ihn, was ihm „zu schaffen" mache, ob es seine Gesundheit sei. Michael kann in diesem

Zusammenhang nicht von Hanna reden und findet Sophie damit ab, vielleicht später einmal darüber sprechen zu können.

Kapitel 16

Was Hanna macht, wenn sie nicht mit Michael zusammen ist oder arbeitet, hat Michael nie erfahren. Seine Fragen habe sie zurückgewiesen oder sei ihnen ausgewichen, so berichtet der Ich-Erzähler rückblickend, er habe lediglich den von ihr bestimmten Platz in ihrem Leben gehabt. Michael weiß nur, dass sie „eigentümlich wahllos" ins Kino geht, nie allerdings mit ihm. Einen Tag vor den großen Ferien trifft er Hanna unverabredet, nachdem sie zuvor tagelang in ihrer Stimmung schwankend, herrisch und wie unter einem quälenden Druck gewirkt hat. Nun scheint sie wieder befreit und sie lieben sich mit einer bisher noch nie gespürten Intensität. Michael erlebt ihre Hingabe, als wolle sie mit ihm „zusammen ertrinken". Anschließend im Schwimmbad braucht er eine ganze Weile, um sich zwischen seinen Klassenkameraden nicht fremd zu fühlen. Plötzlich blickt er auf und sieht Hanna, die ihn von weitem anschaut. Was sie ins Schwimmbad geführt hat, kann er nicht ahnen, ihrem Gesicht auch nicht entnehmen. Kurz darauf ist Hanna verschwunden, doch ihr Bild mit Shorts und geknoteter Bluse bleibt ihm im Gedächtnis haften, wie der Erzähler anmerkt.

Kapitel 17

Als Michael sie am nächsten Tag besuchen will, ist Hanna weg. Von ihrer Bahngesellschaft erfährt er, dass sie nicht zur Arbeit gekommen ist, von der Hausbesitzerin, dass sie am Morgen ausgezogen ist und die Möbel ihr nicht gehört haben. In einem Gespräch mit der Personalabteilung ihrer Bahngesellschaft wird ihm mitgeteilt, Hanna habe sie morgens informiert, dass sie nicht mehr komme, nachdem man ihr vierzehn Tage zuvor angeboten habe, sie als Fahrerin auszubilden. Ohne Angabe eines Wohnsitzes habe sich Hanna nach Hamburg abgemeldet, so lautet die Auskunft des Einwohnermeldeamts. An den folgenden Tagen kämpft Michael mit dauernder Übelkeit, isoliert sich im Schwimmbad von den anderen und leidet unter Schuldgefühlen. Er wirft sich vor, nicht zu ihr gelaufen zu sein, als er sie im Schwimmbad gesehen hat, sie durch seine „Halbherzigkeit" in den vergangenen Monaten verraten zu haben. Sich einzureden, jene Frauengestalt im Schwimmbad sei vielleicht doch nicht Hanna gewesen, gelingt ihm nicht. Zu gewiss ist ihm, dass sie es war.

Michaels Schuldgefühle

Zweiter Teil: Die Täter und ihre Richter – Hannas Prozess

Kapitel 1

Widersprüchliche Erinnerungen

Eine ganze Weile dauert es, bis sich Michael an ein Leben ohne Hanna gewöhnt und die anfänglichen Schuldgefühle ihn nicht mehr quälen. Nach einem halben Jahr zieht seine Familie in einen anderen Stadtteil und die Erinnerung an Hanna begleitet ihn nicht mehr. Die letzten Schuljahre und die ersten Jahre des eher aus Verlegenheit gewählten Jurastudiums stellen sich in der Erinnerung des Ich-Erzählers als glücklich und mühelos dar. Bei genauerem Nachdenken wird ihm jedoch bewusst, dass er die Erinnerung an Hanna zwar „verabschiedet, aber nicht bewältigt" hat. Er gewöhnt sich ein überlegenes Verhalten an und lässt sich auf nichts wirklich ein. So endet eine sexuelle Begegnung mit seiner ehemaligen Mitschülerin Sophie glücklos und enttäuschend. Dass er sich damals nicht so gut gefühlt hat, wie es ihm die Erinnerung manchmal vortäuscht, erkennt der Erzähler auch daran, dass seine „Kaltschnäuzigkeit" gleichzeitig von einer verdächtigen „Empfindsamkeit" begleitet wird.

Kapitel 2

Michael sieht Hanna in einem Gerichtssaal wieder. Dazu kommt es, als Michael an einem juristischen Seminar über KZ-Prozesse teilnimmt und in diesem Rahmen eine Gerichtsverhandlung verfolgt, protokolliert und aufarbeitet. Der Ich-Erzähler erinnert sich, wie er und seine Mitstudenten sich damals als die „Avantgarde der Aufarbeitung" begriffen haben, die eine ganze Generation vor Gericht stellt und „zu Scham" verurteilt. Es ist die Generation ihrer Eltern, die in unterschiedlicher Weise in die Geschehnisse der NS-Zeit verstrickt ist, wobei der Erzähler von seinem Vater weiß, dass dieser als Philosophiedozent seines Dienstes enthoben worden ist und sich als Lektor für Wanderkarten durchgeschlagen hat. Die Mitglieder dieses KZ-Seminars, von anderen misstrauisch beobachtet, entwickeln bald eine eigene Gruppenidentität und sehen ihre Aufgabe darin, die zu Tage kommenden Gräueltaten „zur Kenntnis" zu nehmen und mit dem Ziel der Aufklärung und Anklage zu verbreiten. Neugier habe ihn zunächst in dieses Seminar getrieben, gesteht der Erzähler, sein großspuriges Verhalten habe er beibehalten. Doch im Verlauf des Seminars habe er das „gemeinsame Eifern" der anderen geteilt und sich in ihre Gemeinschaft eingebunden gefühlt.

Hanna vor Gericht

Die Generation der Ankläger

Kapitel 3

Ausführlicher schildert der Ich-Erzähler das überraschende Wiedersehen mit Hanna: In „beschwingter Stimmung" fährt Michael mit einem Kommilitonen zum eine Autostunde entfernten Gerichtsort. Im Schwurgerichtssaal sitzt Hanna mit dem Rücken zum Publikum, so erkennt er sie erst, als sie namentlich aufgerufen wird und vor die Richter tritt. Dann erkennt er sie auch an ihrer Gestalt und ihrer Körperhaltung, bleibt währenddessen aber ohne Gefühle. Zu ihrer Person befragt, bestätigt Hanna, am 21. Oktober 1922 geboren zu sein, bei Siemens gearbeitet zu

Begegnung im Schwurgerichtssaal

Hannas Lebensdaten

haben und im Herbst 1943 freiwillig zur SS gegangen zu sein, obwohl sie bei Siemens eine Stelle als Vorarbeiterin angeboten bekommen hatte. Sie bekennt sich dazu, bis Frühjahr 1944 in Auschwitz, bis Winter 1944/45 in einem Lager bei Krakau als Aufseherin gearbeitet zu haben. In unterschiedlichen Städten habe sie anschließend gewohnt, acht Jahre in Michaels Heimat-

Michaels Distanz zu Hanna

stadt. Als Hannas Anwalt schließlich dafür plädiert, seine Mandantin von der Haft zu verschonen, erschrickt Michael. Es wird ihm bewusst, dass er sie nicht in seiner Welt haben will, dass sie für ihn unerreichbar sein soll, damit ihm nur die „bloße Erinnerung" bleibt. Der Richter hält dem Antrag entgegen, dass Hanna auf keine schriftliche Ladung reagiert habe und nicht vor dem Richter erschienen sei. Das Gericht lehnt den Antrag ab.

Kapitel 4

Betäubung als Reaktion

Michael lässt keinen Tag der Gerichtsverhandlung aus. Nur einmal schaut Hanna zu ihm, meist hat sie den Blick auf die Gerichtsbank gerichtet, was hochmütig wirkt. Michael „liest" Hannas Gemütszustand aus den Bewegungen ihres Kopfes, ihres Nackens und ihrer Schultern, eine herabfallende Strähne oder der Anblick eines Muttermals wecken Erinnerungen. Er vergleicht jedoch seine Empfindungen mit der Gefühllosigkeit eines Arms, dem man eine Betäubungsspritze gegeben hat. Auch bei Anwälten, Richtern, Schöffen beobachtet er im Verlauf des Prozesses eine zunehmende Betäubung. Werden am Anfang noch die Berichte des Schreckens erschüttert aufgenommen, entsteht später auch eine Atmosphäre der Normalität, eine Entwicklung, die Michael mit Unbehagen aufnimmt. Der Ich-Erzähler bezeichnet dies als eine „Gemeinsamkeit des Betäubtseins", die sich nicht nur auf Täter und Opfer, sondern auch auf die Prozessteilnehmer legt. Er fragt sich, was seine Generation mit all den Informationen über die Furchtbarkeiten der Judenvernichtung anfangen solle, ob sie in „Entsetzen, Scham und Schuld" verstummen solle, während einige wenige verurteilt und bestraft werden.

Kapitel 5

In der zweiten Verhandlungswoche wird die Anklage verlesen. Hanna und ihre vier Mitangeklagten sind als Aufseherinnen mit ihren Gefangenen des Krakauer Lagers nach Westen gezogen in einem Transport, den kaum einer überlebt hat. Unter den Gefangenen hatte es lediglich zwei Überlebende gegeben, eine Mutter und ihre Tochter, die über das Lager und den Zug nach Westen ein Buch geschrieben hat. Die Veröffentlichung dieses Buches hat polizeiliche Nachforschungen und schließlich den Prozess zur Folge gehabt und die Autorin ist wichtigste Zeugin. Ein Hauptanklagepunkt gilt den Auswahlprozessen im Krakauer Lager, bei dem nicht mehr einsetzbare Arbeiterinnen nach Auschwitz in den Tod geschickt worden sind. Der zweite Hauptanklagepunkt betrifft gegen Kriegsende ihren Zug nach Westen. Mehrere hundert gefangene Frauen sind in der Kirche eines Dorfes eingesperrt, als eine Bombe in den Kirchturm einschlägt und die Kirche ausbrennt. Die Aufseherinnen, so die Anklage, hätten die Kirche aufschließen können, haben es aber nicht getan, so dass die eingeschlossenen Frauen verbrannt sind.

Kapitel 6

Die Verhandlung könnte, so die Einschätzung des Erzählers, für Hanna nicht schlechter laufen. Bereits bei der Vernehmung zur Person macht Hanna keinen guten Eindruck auf das Gericht, bei der Verlesung der Anklage weist sie auf Unstimmigkeiten hin. Als der Richter vorschlägt, auf das Verlesen des Buchs der überlebenden Zeugin zu verzichten, da es als Manuskript in deutscher Übersetzung allen vorgelegen habe, muss der Anwalt Hanna zur

19

Zustimmung erst überreden. Dass sie den Schlüssel zur brennenden Kirche in ihrem Besitz gehabt habe, bestreitet sie entgegen früheren Aussagen und behauptet, in mehreren Schlössern der Kirche hätten Schlüssel gesteckt. Hanna widerspricht, wo sie meint, ihr geschehe Unrecht. Was ihr aus ihrer Sicht zu Recht vorgeworfen wird, gibt sie zu. Im Verlauf der Vernehmung schildert Hanna, dass bei der Entscheidung über die Rücktransporte nach Auschwitz aus jedem der sechs Zuständigkeitsbereiche zehn Frauen ausgesondert worden seien und dies in Absprache aller Aufseherinnen geschehen sei. Die Frage des Richters, ob ihr klar gewesen sei, dass die ausgesonderten Frauen in den Tod geschickt worden seien, beantwortet sie mit der Gegenfrage, wie er sich denn verhalten hätte. Als er nach einigem Zögern antwortet, es gäbe „Sachen", auf die man sich nicht einlassen dürfe, spüren alle Anwesenden, dass er damit Hannas ernster Frage nicht gerecht wird.

Verantwortung für die Rücktransporte

Kapitel 7

Hanna wird belastet

Hätte Hanna den Vorsitzenden Richter nicht gegen sich eingenommen und nicht so vieles bereitwillig eingestanden, wäre die Beweislage für die angeklagten Frauen günstig gewesen. Wegen der wenigen Zeugen und der großen Zahl des Lagerpersonals hätte man bestreiten können, dass gerade diese Angeklagten die Auswahl der Opfer vorgenommen hätten. Auch wären die Zeugen in die Gefahr geraten, sich dem Vorwurf auszusetzen, die Gefangenen in der Kirche nicht selbst befreit zu haben. So versuchen die Verteidiger der anderen Angeklagten, alle Schuld auf Hanna abzuschieben. Hanna habe, so wird ihr vorgeworfen, junge Mädchen als Schützlinge gehabt, die sie, wenn sie ihrer „überdrüssig" gewesen sei, nach Auschwitz geschickt habe. Die Buchautorin ergänzt, Hanna habe die „jungen, schwachen und zarten" bevorzugt und bei ihrem Abtransport habe es so gewirkt, als hätte sie mit ihnen jeden Abend „ihren Spaß" gehabt. Sie

Mädchen als „Vorleserinnen"

habe aber von einem Mädchen erfahren, dass sie Hanna allabendlich vorgelesen hätten. In diesem Augenblick dreht sich Hanna um und schaut Michael an, der sich inständig wünscht, Hanna möge sich endlich verteidigen und entlasten.

Kapitel 8

Das Buch der überlebenden Zeugin über die Zeit im Lager hat den Prozessteilnehmern in seiner deutschen Fassung nur im Manuskript vorgelegen, so teilt der Ich-Erzähler mit, er selbst hat es in der Übersetzung erst nach dem Prozess lesen können. Als er sich Jahre später wieder damit beschäftigt, spürt er die Distanz, die von dem Buch ausgeht, die Betäubung der Autorin und die Nüchternheit der Beschreibung. Ohne sich sicher zu sein, glaubt er, Hanna in einer jungen, schönen Aufseherin von „gewissenhafter Gewissenlosigkeit" wiederzuerkennen. Als er erfährt, dass eine Aufseherin aus einem andern Lager „Stute" genannt worden ist, fragt er sich, ob Hanna das gewusst hat, als er sie mit einem Pferd verglichen hat, und deshalb so heftig reagierte. Ausführlich schildert der Ich-Erzähler, gestützt auf das Buch der Zeugin, nun den Zug der Gefangenen nach Westen, bei dem allein durch die Kälte, die unzureichende Kleidung und die körperliche Anstrengung die Hälfte der Frauen stirbt.

In der Kirche ungewohnt gut untergebracht und versorgt, schlafen die Frauen, sich in Sicherheit wiegend, schnell ein. Als die Bombe in den Kirchturm einschlägt, stürzen die Trümmer in das Dach und die herunterfallenden brennenden Balken setzen alles in Brand. Den durch das Feuer überraschten Gefangenen bleibt keine Möglichkeit zu überlegtem Handeln. Nur die Autorin und ihre Mutter überleben, weil sie sich, um allein zu sein, auf die Empore der Kirche flüchten, an die Wand pressen und so von dem brennenden Gebälk nicht getroffen werden. Erst zwei Tage später trauen sie sich aus der Kirche, werden von den Dorfbewohnern versorgt und können entkommen.

Kapitel 9

Ein „Bericht" als
Belastung

Als der Vorsitzende Richter die Angeklagten
fragt, warum sie die Kirche nicht aufgeschlossen
hätten, bestreiten sie, die Möglichkeit dazu
gehabt zu haben. Dem hält der Richter entgegen,
ein aus den Akten der SS stammender Bericht
„lese sich anders". Ihm zufolge gehörten die
Angeklagten zu jenen Aufseherinnen, die zu-
rückgeblieben seien, um Fluchtversuche der
Gefangenen zu verhindern. Der Bericht sei
falsch, entgegnen die Angeklagten und eine
weist auf Hanna und behauptet, sie habe den
Bericht geschrieben. Hanna verteidigt sich: Ein
Großteil der Aufseherinnen habe nicht überlebt,
ein anderer sich unter einem Vorwand „davonge-
macht", die wenigen Zurückgebliebenen hätten
nicht gewusst, wie sie in den Trupp der Gefangenen „noch mal Ordnung" hätten „reinbringen" und der Fluchtgefahr begegnen können.

Hanna gesteht,
Verfasserin zu sein

Michael als Prozessbeobachter muss erleben,
wie sich Hannas Lage im Verlauf ihrer Aussagen
verschlechtert. Schließlich wird sie beschuldigt,
den Bericht selbst geschrieben zu haben. Hanna
bestreitet dies zunächst, doch als der Staatsanwalt eine Handschriftenprobe vorschlägt, gesteht sie, dass der Bericht aus ihrer Feder
stamme.

Kapitel 10

Michael entdeckt
Hannas Analpha-
betismus

Wenig Erinnerungen hat der Ich-Erzähler an die
Aufarbeitungen der Prozesserfahrungen in den
Seminarsitzungen, sehr wohl erinnert er sich an
die Sonntage, an lange Fußmärsche durch die
Natur mit Blick auf die Rheinebene. Während er,
über Hanna nachdenkend, durch die Natur
streift, findet er jene Waldstelle wieder, wo ihm
zur Zeit des Prozesses bewusst geworden ist,
dass Hanna weder lesen noch schreiben kann.

Neue Deutung der
Vergangenheit

Michael hat sich damals in seiner Erinnerung
noch einmal alle Situationen vergegenwärtigt, in
denen Hannas Verhalten nur dadurch zu erklären ist, dass sie als Analphabetin nicht auffallen
will. Ob sie ihre Vorleserinnen etwa deshalb

nach Auschwitz geschickt habe, weil sie ihr auf die Spur gekommen seien, so fragt er sich schließlich. So sehr er auch ihre Scham nachempfinden kann, sich bloßzustellen, so wenig könne er verstehen, wenn sie deshalb zur Verbrecherin geworden wäre. Der Erzähler gesteht ein, dass er sich immer wieder eingeredet habe, Hanna sei in alles „hineingeraten", sie habe die Schwachen als Vorleserinnen gewählt, um ihnen die letzten Wochen erträglich zu machen, und sie kämpfe nicht um ihre Interessen, sondern um die Wahrheit. Dass er sich am Tag der Trennung schuldig gefühlt habe, obgleich Hanna beim Verlassen der Stadt ganz andere Erwägungen getrieben haben, berührt ihn „seltsam". Dennoch fühlt er sich schuldig, weil er sie verraten habe, mehr noch, weil er „eine Verbrecherin geliebt hatte".

Kapitel 11

Mit dem Geständnis, sie selbst habe den Bericht geschrieben, macht Hanna es den Mitangeklagten leicht, sie zu beschuldigen und ihr eine Führerrolle beizumessen. Kämpft Hanna anfangs noch, resigniert sie nun, wird wortkarg, steht nicht mehr auf, wenn sie redet. Das Gericht habe genug von dieser „Sache", so deutet der Ich-Erzähler die Stimmung. Aber auch er selbst, vom „Zuschauer" zum „Teilnehmer" geworden, ermüdet. Er fragt sich, ob er etwas tun solle, ob er zum Vorsitzenden Richter gehen und ihn über Hannas Analphabetismus informieren solle. Dem steht Hannas Haltung entgegen, die offensichtlich nicht für ein paar Gefängnisjahre weniger eine „Bloßstellung als Analphabetin" in Kauf nehmen will. Ob man jemanden retten dürfe, der sich aus Scham, eine vermeintliche Schwäche zu offenbaren, absichtlich in sein Verderben stürze, über dieses Problem hat Michael damals mit seinen Freunden zu reden versucht.

Kapitel 12

Reden möchte Michael auch mit seinem Vater, obgleich er ihn als verschlossen und ohne Zugang zu seinen Gefühlen und zu denen seiner Kinder erlebt. Er sucht in seinem Vater den distanzierten Moralphilosophen, legt Wert auf eine abstrakte Erörterung. Ähnlich wie die im Korridor wartenden Studenten seines Vaters, an die sich der Erzähler erinnert, muss auch Michael sich einen Termin geben lassen, ehe er in das Arbeitszimmer des Vaters, ein von der Außenwelt abgegrenztes „Gehäuse", eintreten darf. In breiter, belehrender Rede vertritt der Vater die Ansicht, man habe die Würde und

Freiheit des Menschen zu achten und dürfe nicht das, was man für gut halte über das setzen, was der andere für sich für gut halte, auch dann nicht, wenn er mit dem Ratschlag später glücklicher sein werde. Rückblickend denkt der Ich-Erzähler gern an dieses Gespräch, weil er daraus das erleichternde Fazit ziehen konnte, nicht mit dem Richter reden zu dürfen. Wenn man für einen anderen Menschen Verantwortung trage, müsse man allerdings handeln, so ergänzt der Vater seine Ausführungen, das heiße jedoch mit ihm selbst reden, „nicht hinter seinem Rücken mit jemand anderem". Dies wirft für Michael zahllose Fragen auf, da er nicht weiß, wie er Hanna „gegenübertreten" soll. Sein Vater beendet die Unterredung mit der Einladung, er könne jederzeit wieder zu ihm kommen. Michael glaubt ihm nicht, nickt aber zum Abschied.

Kapitel 13

Zur Vernehmung einer Zeugin fliegt das Gericht im Juni für zwei Wochen nach Israel, Arbeit und Tourismus, wie Michael meint, „bizarr" verbindend. Michael möchte die Zeit für sein Studium aufwenden, doch es fehlt ihm an Konzentration. Immer wieder steigen Bilder in ihm auf: Er sieht Hanna als gnadenlose Aufseherin, die sich vorlesen lässt, ehe sie die Opfer nach Auschwitz in den Tod schickt, die mit harten Gesichtszügen

Kommandos schreit und Angst verbreitet, sieht Hanna neben der brennenden Kirche. Daneben stellen sich auch andere Bilder ein: Szenen aus der Zeit ihrer Liebe tauchen auf, wobei sich manchmal auch die Bilder überlagern und die grausame Hanna ihn zu seinem eigenen Entsetzen sexuell erregt. Schließlich fällt dem Erzähler auf, wie wenig Anschauung es damals von den Gräueln der Konzentrationslager gegeben hat, wie hingegen heute die Fantasie durch zahllose Bücher, Fernsehserien und Spielfilme beherrscht wird.

Kapitel 14

Fahrt zum Lager Struthof

Um „die Klischees mit der Wirklichkeit" auszutreiben, trampt Michael zum nahe gelegenen Konzentrationslager Struthof ins Elsass. Hinter Straßburg gerät er an einen Autofahrer mittleren Alters, der ihn in ein Gespräch verstrickt und von ihm wissen will, warum er Struthof besucht. Er unterstellt Michael, verstehen zu wollen, aus welchen Motiven heraus Menschen in den Konzentrationslagern gemordet hätten, und versucht, ihn durch seine Argumentation zu provozieren. Einem Henker vergleichbar hätten die Verbrecher nur ihre Arbeit verrichtet, die Opfer seien ihnen gleichgültig gewesen. Er habe einmal eine Fotografie gesehen, erzählt er dem zunächst noch empörten und hilflosen Michael weiter, auf der eine Erschießung von Juden in Russland festgehalten sei. Während die Juden nackt in einer Reihe vor Soldaten mit Gewehren gestanden hätten, sei ein Offizier rauchend, etwas verdrießlich, aber auch zufrieden auf einem Mauersims gesessen und habe die Beine baumeln lassen. Ob er das gewesen sei, fragt ihn Michael unvermittelt. Erregt hält der Autofahrer an und bedeutet Michael auszusteigen.

Kapitel 15

Zweiter Besuch in Struthof

„Unlängst", so teilt der Ich-Erzähler mit, ist er an einem kalten Wintertag wieder nach Struthof

gefahren. Doch unter einer „glitzernden Schnee-
decke" ist das Lager kaum noch zu erkennen,
auch ist es geschlossen und er kann es nur von
außen einsehen. Erinnerungen an seinen ersten
Besuch werden wach: Damals ist er zwischen
den Grundmauern der Baracken durchgegan-
gen, hat auch die Krematoriumsöfen besichtigt,
doch der Versuch, sich „das Leiden konkret
vorzustellen", ist misslungen. Jetzt fährt er
zurück und besucht zum Mittagessen in einem
Vogesendorf das Restaurant „Au Petit Garçon",
was ihn an den Ausdruck „Jungchen" erinnert,
mit dem ihn Hanna immer angeredet hat. Wieder
blickt der Erzähler auf den ersten Besuch in
Struthof zurück: Da ist er auf einem Lastwagen
ins nächste Dorf mitgenommen worden und hat
dort in einem Gasthof übernachtet. Als in der
Gaststube ein alter Mann mit einem Holzbein
belästigt wird, mischt sich Michael ein, provoziert aber nur den Spott aller Anwesenden. Die
darauf folgende Nacht ist kalt und stürmisch, er
zittert vor Unruhe und Angst als „körperliche
Befindlichkeit" stellt sich ein. Michael hat
Hannas Verbrechen zugleich verstehen und verurteilen wollen und muss erfahren, dass das
nicht geht. Der Welt der Konzentrationslager ist
er nicht näher gerückt.

Kapitel 16

Michael sucht schließlich doch den Vorsitzenden
Richter auf. Mit Hanna kann er nicht reden: Für
sie, so meint er, sei er nur der „kleine Vorleser"
und „Beischläfer" gewesen und er fragt sich, ob
sie ihn wohl auch „ins Gas geschickt" hätte, um
ihn loszuwerden. Dennoch bildet er sich ein,
Gerechtigkeit für Hanna erwirken zu müssen,
wenn auch das eigentliche Motiv seines Handelns, wie er sich eingesteht, nur darin besteht,
Hanna nicht in Ruhe lassen zu können. Der
Vorsitzende Richter benimmt sich entspannt und
ungezwungen, plaudert mit Michael über Stu-
dienfragen, erzählt von seiner eigenen Ausbil-
dung und betont abschließend, auch weiterhin

mit Ratschlägen zur Verfügung zu stehen. Auf der Rückreise im Bummelzug spürt Michael, wie sich die gefühlsmäßige Bindung zu Hanna löst. Eine Betäubung legt sich auf die „Gefühle und Gedanken der letzten Wochen" und er kann sich wieder seinem Alltag zuwenden.

Kapitel 17
Das Urteil wird Ende Juni verkündet, Hanna erhält lebenslänglich. Sie ist mit einem schwarzen Kostüm und einer weißen Bluse bekleidet, was in dem mit Besuchern gefüllten und in gespannter Stille verharrenden Gerichtssaal für Empörung sorgt. Es wirkt so, als trage Hanna eine Uniform wie die, in der sie für die SS gearbeitet hat, und die Besucher fühlen sich verhöhnt. Ruhe tritt erst wieder ein, als das Gericht den Saal betritt. Nach der Verlesung des Urteils verlässt Hanna, ohne Michael anzuschauen, den Gerichtssaal mit einem „hochmütigen, verletzten, verlorenen und unendlich müden Blick".

Das Urteil: lebenslänglich

Dritter Teil: Rückzug in die Wissenschaft – Alphabetisierung im Gefängnis

Kapitel 1
Nach dem Prozess stürzt sich Michael in seine Arbeit, verbringt die Wochentage im Lesesaal der Universitätsbibliothek, die Wochenenden in einem gemieteten Zimmer. In den Weihnachtsferien jedoch geht er mit einer Studentengruppe Skifahren und ohne je die Kälte zu spüren fährt er zum Erstaunen der anderen nur im Hemd, bis er mit hohem Fieber in ein Krankenhaus muss. Mit seiner Genesung, so seine Deutung, löst sich auch seine innere Betäubung und er wird für die während des zurückliegenden Prozesses durchlebten Gefühle wieder empfänglich. Nach Studienende und Beginn des Referendariats kommt

Fluchtbewegungen

der Sommer der Studentenbewegung. Michael erfasst zwar die Geschehnisse an der Universität, bleibt aber in Distanz zu den Studenten. Die Aufarbeitung des Nationalsozialismus, so reflektiert der Ich-Erzähler, sei nicht der Grund, sondern der Ausdruck des Generationenkonflikts gewesen. Wie könnten Eltern, die selbst in den Nationalsozialismus verstrickt waren, ihren Kindern etwas sagen? Für Michaels Generation sei Kollektivschuld eine „erlebte Realität". Zwar setze der „Fingerzeig auf die Schuldigen" aggressive Energien frei, doch verbietet sich für Michael eine solche Geste. Wenn, dann hätte er auf Hanna zeigen müssen, doch dies hätte auf ihn zurückgewiesen, da er Hanna geliebt und gewählt habe. So beneidet Michael die Studenten, die sich von ihren Eltern absetzen können, wenn er sich auch nach der Berechtigung fragt, mit der sie selbstgerecht auftrumpfen.

Distanz zu den Studentenunruhen

Kapitel 2

Eheschließung und Trennung

Während der Referendarszeit heiratet Michael seine Mitreferendarin Gertrud, als sie von ihm ein Kind erwartet. Aber nicht allein das Leben in einer Neubauwohnung in einem Vorort lässt ihn unbefriedigt. Michael kommt nicht davon los, Gertrud mit Hanna zu vergleichen und so zu erfahren, dass sie „sich falsch anfaßt und anfühlt, daß sie falsch riecht und schmeckt". Sie lassen sich scheiden, als ihre Tochter Julia fünf Jahre alt ist und trennen sich in vernünftigem Einverständnis. Allerdings schmerzt es Michael zu sehen, wie Julia unter den Folgen der Trennung leidet. Spätere Frauenbeziehungen geht Michael bewusster ein, versucht auch bei seiner Wahl, sich an Hanna zu orientieren. Er erzählt den Frauen von seiner Vergangenheit, macht aber die Erfahrung, dass er nur auf wenig Verständnis und echte Anteilnahme stößt.

Kapitel 3

Während Michaels zweitem Staatsexamen stirbt der Professor, der das KZ-Seminar veranstaltet hat. Obwohl Michael eigentlich nicht an den Prozess erinnert werden will, fährt er doch mit der Straßenbahn zum Bergfriedhof. Sehr genau nimmt er wahr, wie sich die Straßenbahnwagen und die Aufgaben des Schaffners seit seiner Zeit mit Hanna verändert haben. Bei der Beerdigung trifft er einen ehemaligen Teilnehmer des KZ-Seminars, der ihn manchmal im Auto mitgenommen hat. Auf dessen Frage, warum Michael den Prozess jeden Tag verfolgt und warum er jene „ganz passabel" aussehende Angeklagte immer „angestarrt" habe, antwortet er ausweichend. Ehe der ehemalige Kommilitone noch einmal nachfragen kann, gelingt es Michael, in eine gerade anfahrende Straßenbahn zu springen.

Kapitel 4

Während Gertrud eine Stelle als Richterin annimmt, lässt sich Michael mit seiner Berufswahl Zeit, da er keine der Juristenrollen, die er im Prozess gegen Hanna erlebt hat, überzeugend findet. Schließlich arbeitet er bei einem Professor für Rechtsgeschichte, was Gertrud als eine Flucht vor dem Leben deutet. Doch Michaels Forschungsschwerpunkt ist das Recht im Dritten Reich, ein Gebiet, in dem, wie Michael meint, „Vergangenheit und Gegenwart in eine Lebenswirklichkeit zusammenschießen". Die Beschäftigung mit der Rechtsgeschichte, so bekennt der Ich-Erzähler, sei auch schon vorher für ihn befriedigend gewesen, als er über die Gesetzeswerke der Aufklärung gearbeitet habe. Zu erkennen, dass der Glaube an eine gute Ordnung hinter den menschlichen Bemühungen gestanden habe, habe ihn beglückt. Später sei ihm klar geworden, dass „Erschütterungen, Verwirrungen und Verblendungen" von edlen Zielen ablenkten und Neuanfänge nötig machten. Auch die „Odyssee", die Michael nun erneut liest, ist für den Erzähler die Geschichte einer Bewegung„ die „zugleich zielgerichtet und ziellos, erfolgreich und vergeblich" ist.

Kapitel 5

Die Odyssee zu lesen beginnt Michael in den schlaflosen Nächten seiner Trennung von Gertrud und da Hanna ohnedies sein Leben dominiert, liest er den Text auf Kassetten. Weitere Texte, Erzählungen von Schnitzler und Tschechow schließt er an, findet Hannas Gefängnisadresse heraus und schickt ihr die Kassetten mit einem Kassettengerät. Erst neulich habe der Erzähler, so teilt er mit, das Heft gefunden, in dem er alle Aufnahmen, beginnend im achten Jahr von Hannas Haft und endend im achtzehnten, dem Jahr ihrer Begnadigung, registriert hat. Auch ihm schon vertraute Autoren liest er ihr vor, nicht aber experimentelle, in der man die Geschichte nicht erkenne und die Personen nicht möge. Als Michael zu schreiben beginnt, liest er ihr auch eigene Texte vor. Hanna wird für ihn zu einer „Instanz", vor der er alle seine „Kräfte", seine „Kreativität" und seine „kritische Fantasie" bündelt. Zusätzliche persönliche Bemerkungen macht er nicht.

Kapitel 6

Nach vier Jahren erhält Michael von Hanna einige Worte des Lobs und des Dankes. Die Schrift auf der Schulheftseite lässt erkennen, wie gewaltsam und mühselig der Kugelschreiber geführt worden ist. Michael empfindet „Freude und Jubel" darüber, dass Hanna den Schritt aus der „Unmündigkeit zur Mündigkeit" vollzogen hat. Dass diese Entwicklung allerdings erst so spät erfolgen konnte, ist für ihn auch ein Anlass zur Trauer. Es folgen weitere Mitteilungen, teils Anmerkungen zu den gehörten Texten, teils Wahrnehmungen ihrer Umwelt. Michael hingegen beschränkt sich auf das Vorlesen als seine Art des Sprechens. Allmählich werden Hannas Schriftzüge leichter und sicherer, nicht aber flüssig.

Kapitel 7

Michael hat den Kontakt mit Hanna als bequem hingenommen und sich über ihre Entlassung bisher keine Gedanken gemacht. Da erreicht ihn ein Brief der Gefängnisleiterin. Sie teilt ihm mit, er sei Hannas einzige Kontaktperson außerhalb des Gefängnisses und Hanna werde im nächsten Jahr ein Gnadengesuch stellen, dem nach achtzehn Jahren Haft sicherlich stattgegeben werde. Zwar komme Frau Schmitz auch allein zurecht, doch wäre es sinnvoll, für sie eine Wohnung und Arbeit zu besorgen und ihr bei der Eingliederung in die Gesellschaft zu helfen. Schließlich legt sie Michael nahe, Hanna zu besuchen und auch bei ihr, der Gefängnisleiterin, vorbeizuschauen. Michael findet für Hanna zwar eine Einliegerwohnung bei Freunden und eine Stelle bei einem griechischen Schneider, schiebt aber den Besuch ein Jahr vor sich her. Zu sehr fürchtet er, „die kleine, leichte, geborgene Welt der Grüße und Kassetten" könne eine solche Nähe nicht aushalten. Doch dann ruft ihn die Gefängnisleiterin an und bittet ihn zu einem Gespräch, da Hanna in einer Woche entlassen werde.

Kapitel 8

Michael besucht zum ersten Mal ein Gefängnis und entdeckt einen neuen, hellen Bau mit einer belebten Wiese dahinter. Dort sitzt Hanna, sichtlich gealtert, auf einer Bank. Die Erwartung lässt ihr Gesicht noch einmal „aufglänzen", doch dann wirkt es erlöscht und müde. Sie sagt Michael, er sei groß geworden, redet ihn jedoch weiterhin mit „Jungchen" an und nimmt seine Hand. Die Nähe zu Hanna bietet den Anlass, die unterschiedlichen Düfte ihres Körpers zu erinnern, insbesondere den für sie typischen „schweren, dunklen, herben Geruch". Jetzt sitzt Michael neben ihr und riecht „eine alte Frau". Sie tauschen einige Freundlichkeiten aus und als Hanna die Befürchtung äußert, mit dem Vorlesen sei jetzt Schluss, antwortet Michael ausweichend. Es wird ihm aber deutlich, dass er Hanna

31

in seinem Leben lediglich „eine kleine Nische zugebilligt" habe. Auf Michaels Frage, ob sie bei ihrem Zusammensein nie an ihre Vergangenheit gedacht habe, antwortet sie, es habe sie nie jemand verstanden, so könne auch niemand Rechenschaft von ihr fordern, nur die Toten, und die hätten sie im Gefängnis jede Nacht heimgesucht. Michael erzählt noch von seiner gescheiterten Ehe, verspricht Hanna, sie „ganz still" abzuholen, und trennt sich von ihr, noch ehe sie das Gefängnisgebäude wieder erreicht haben.

Kapitel 9

In der folgenden Woche arbeitet Michael an einem Vortrag, doch ist er mit seiner Arbeitsweise und den Ergebnissen wenig zufrieden, leidet an Unruhe und Schlafstörungen. Gleichzeitig richtet er Hannas Wohnung ein, informiert sich über Bildungsangebote, tut aber auch dies alles „eigentümlich gehetzt und verbissen". Zwar versucht er alle Gedanken an Hanna abzuwehren, doch manchmal überkommen ihn die Erinnerungen, die Schuldgefühle und überdies die Empörung über seine Schuldgefühle. Am Tag vor der Entlassung telefoniert er noch einmal mit der Gefängnisleiterin und mit Hanna über den Verlauf des kommenden Tages. Sie entgegnet ihm, er sei „immer noch ein großer Planer", was in ihm ärgerliche Gefühle weckt. Hat er Hanna auf der Bank des Gefängnisses als alte Frau erlebt, so entdeckt er nun, dass ihre Stimme „ganz jung geblieben" ist.

Kapitel 10

Hanna erhängt sich am nächsten Morgen bei Tagesanbruch. Die Gefängnisleiterin fragt Michael, ob er etwas geahnt habe, woher sie sich gekannt hätten und wie Michael gewusst habe, dass Hanna Analphabetin gewesen sei. Doch Michael antwortet ausweichend oder nur durch Schulterzucken. In Hannas Zelle entdeckt er unter ihren Büchern auch Dokumentarberichte und wissenschaftliche Literatur über Konzentrationslager und erfährt, dass Hanna nach den Büchern bibliografisch gesucht und sie mit Bedacht bestellt habe. Zwischen den an die Wand gehängten Naturgedichten und Naturbildern findet er auch ein Pressefoto, das ihn selbst zeigt, wie er bei seiner Abiturfeier einen Preis überreicht bekommt. Hanna habe sich, so erfährt Michael weiter, die Bücher besorgen lassen, die er ihr auf Kassetten geschickt hatte, und habe dann Text und Ton wort- und satzweise verglichen. Schließlich beauftragt Hanna Michael in einem Abschiedsbrief, Geldsummen in ihrer Teedose und auf ihrem Sparkonto jener Tochter zu übergeben, die mit ihrer Mutter den Brand in der Kirche überlebt habe. Hanna soll im Gefängnis klösterlich-meditativ gelebt und hohes Ansehen genossen haben, bis sie sich vor einigen Jahren in sich selbst zurückgezogen und äußerlich vernachlässigt habe. Dass sie über die Motive ihres Selbstmords nichts geschrieben hat und dass Michael über die Art ihrer Beziehung nichts verrät, löst bei der Gefängnisleiterin Unmut aus. Doch dann gehen beide in die Krankenstation, Michael erblickt die tote Hanna und als er ihr lange ins Gesicht schaut, scheint „im toten Gesicht das lebende auf, im alten das junge".

Kapitel 11

Im folgenden Herbst nutzt Michael eine Tagung in Boston dazu, die überlebende Tochter in New York zu besuchen. Im Zug nach New York nimmt er die farbige Herbstlandschaft auf, es entstehen Traumbilder von Hanna, von einer Zukunft mit ihr und es wächst noch einmal Michaels Sehnsucht nach ihr, eine „Sehnsucht danach, nach Hause zu kommen". In einem Reihenhaus nahe dem Central Park übermittelt er der Tochter beim Tee seinen Auftrag. Als sie es ablehnt, Hanna nachträglich die „Absolution" zu gewähren, nimmt das Gespräch eine persönlichere

Wendung. Michael vertraut ihr an, Hannas Vorleser gewesen zu sein, offenbart Hannas Analphabetismus und seine frühere Beziehung zu ihr. Dass Hanna auch sein Leben damit belastet habe, ist für die Tochter ein weiteres Anzeichen von deren Brutalität. Schließlich lässt sie Michael darüber verfügen, wie Hannas Gelder sinnvoll anzulegen seien. Michael schlägt vor, sie einer jüdischen Stiftung gegen den Analphabetismus zu übergeben. Lediglich die Teedose behält die Tochter für sich, eine ähnliche war ihr damals im Lager gestohlen worden.

Michael erfüllt Hannas Auftrag

Kapitel 12

Reflexion über den Schreibvorgang

Abschließend blickt der Erzähler auf die inzwischen vergangenen zehn Jahre zurück. In den Jahren nach Hannas Tod habe er sich immer wieder quälende Fragen nach seiner Schuld gegenüber Hanna, seiner Schuld durch die Liebe zu ihr und nach der Verantwortung für ihren Tod gestellt. In diese Zeit sei der Vorsatz gefallen, ihre Geschichte niederzuschreiben. Unter den vielen Versionen, die er im Kopf bewegt habe, sei nur eine gewesen, die geschrieben werden wollte und die deshalb die Gewähr dafür biete, „die richtige" zu sein. Nicht erfolgreich sei der Versuch gewesen, die Geschichte schreibend loswerden oder zurückholen zu wollen. Erst als er sich mit ihr versöhnt habe, sei sie zu ihm zurückgekommen, „rund, geschlossen und gerichtet". Nur manchmal noch kommen Verletzungen, Schuldgefühle, Sehnsucht und Heimweh in ihm hoch. Hannas Geld hat Michael der Jewish League Against Illiteracy überwiesen. Mit dem Dankesbrief fährt er zu Hannas Grab. Es ist der einzige Besuch ihres Grabes.

2. Die Personen

Michael Berg

Mit dem lakonischen Satz „Als ich fünfzehn war, hatte ich Gelbsucht" (S. 5) beginnt der Ich-Erzähler den Bericht über die entscheidenden Ereignisse seiner Jugendzeit. Damit wird Michael Berg, erst später erfährt der Leser seinen Namen, in einer Situation zunehmender Schwäche eingeführt: Er muss sich auf seinem Schulweg übergeben, bedarf der Hilfe und wird von einer schon etwas älteren Frau beruhigt und nach Hause gebracht. Nicht genug der demütigenden Schwächung, die ihn für Monate ans Bett fesselt, gleichzeitig muss er noch die Scham ertragen, die das Versagen seines Körpers ihm bereitet. Wer ist dieser Junge, mit dessen wenig rühmlicher Hilflosigkeit und Hinfälligkeit der Roman beginnt?

Michaels Einführung

Über die äußere Erscheinung des fünfzehnjährigen Gymnasiasten erfahren wir wenig: Die zu langen Arme und Beine führen zu etwas schlaksigen Bewegungen, seine Haare sind zerzaust und struppig, als Brille ziert ihn ein „billiges Kassenmodell" (S. 39). Die eleganten Anzüge und Schuhe eines reichen Onkels muss er auftragen, was Ende der fünfziger Jahre nichts Außergewöhnliches ist, wenn auch der Geschmack seiner jüngeren Schwester bereits zu Blue Jeans und Nickipullover neigt. Als Schüler besucht er die der heutigen Klasse zehn entsprechende Untersekunda, fühlt sich von den meisten Lehrern „nicht recht wahrgenommen" (S. 39) und gehört auch nicht zu den Schülern, die in der Klasse den Ton angeben. In seiner Familie ist Michael das dritte von vier Kindern: Mit seinem älteren Bruder teilt er das Zimmer und es verbindet ihn mit ihm nach einer langen Zeit körperlicher Auseinandersetzungen nun eine nur noch verbal ausgetragene Rivalität. Im

Erscheinungsbild

Familien-konstellation

Unterschied zur jüngeren Schwester, die er als „klein" und „frech" (vgl. S. 31) erlebt, die ihn erpresst und zum Diebstahl nötigt, ist seine ältere Schwester, bereits Studentin der Germanistik, eher eine Person seines Vertrauens. Der soziale Status der Familie definiert sich über den Vater, der als Professor der Philosophie für einen bildungsbürgerlichen Lebenszuschnitt sorgt. Man bewohnt den zweiten Stock eines um die Jahrhundertwende gebauten, „wuchtigen" (S. 5) Hauses in der Blumenstraße. Die „offene Flügeltür zwischen Eß- und Wohnzimmer" (vgl. S. 60), die Möglichkeit, „von Zimmer zu Zimmer" (S. 60) schreiten zu können, verweisen ebenso auf Repräsentation wie die Biedermeiermöbel, der Flügel und die Bücherwände im Arbeitszimmer des Vaters.

Sozialstatus der Familie

Michaels Unsicherheit

Vor diesem bildungsbürgerlichen Hintergrund hebt sich Michaels Unsicherheit im Umgang mit seinen Gefühlen und den ihm vermittelten moralischen Werten auffällig ab. Niemand anders als seine Mutter nötigt den von seiner langwierigen Krankheit geschwächten und aus den Alltagbezügen herausgerissenen Sohn, sich mit einem Blumenstrauß bei jener Frau zu bedanken, die Zeugin seines gesundheitlichen Zusammenbruchs geworden ist. Entsprechend hilflos ist sein Auftreten: Die Sätze des Dankes hat er sich „zurechtgelegt" und „aufgesagt" (S. 13). Während Hanna Schmitz im Verlauf des Gesprächs ihre Wäsche bügelt, will er nicht hinschauen, kann aber auch nicht wegschauen (vgl. S. 14). Die moralische Strenge seiner Erziehung und die Bedürfnisse nach Erotik geraten in einen Konflikt: Seine erworbene Sittsamkeit verbietet ihm den Genuss des Hinschauens, während seine beginnende Triebhaftigkeit ihn dazu zwingt. Als Hanna schließlich ihre Strümpfe anzieht, verschärft sich der Konflikt: Michael fühlt sich durch Hannas Blick in seiner Begehrlichkeit durchschaut und errötet. Diesem ungewohnten Maß an Scham kann Michael nicht mehr standhalten und er entzieht

Gefühl und Moral

sich der Situation durch Flucht. Doch damit nicht genug: Als er räumlichen Abstand gewonnen hat und etwas ruhiger geworden ist, ergreifen ihn Ärger und Selbstvorwürfe: „Ich war wie ein Kind weggelaufen, statt so souverän zu reagieren, wie ich es von mir erwartete." (S. 16) Nicht allein mit der erlittenen Schmach hat er zu kämpfen, er misst überdies seine Reaktion an vermeintlichen Normen von souveränem Verhalten und erlebt so ein Versagen auf ganzer Linie.

Strategie des „Vernünftelns"

Was Michael Berg hier durchmacht, ist sicherlich typisch für die Zeit der Adoleszenz, in der der Heranwachsende lernen muss, mit unterschiedlichsten Gefühlen, Stimmungen, Normvorstellungen und vor allem der eigenen Sexualität umzugehen. In für ihn schwierigen Entscheidungssituationen entwickelt Michael jedoch eine Strategie, die der Ich-Erzähler aus der Distanz heraus als „vernünfteln", als „moralisches Kalkül" (vgl. S. 21) bezeichnet. Bevor er sich entscheidet, setzt er sich mit den mutmaßlichen Bedenken seiner moralischen Instanzen auseinander. Er durchdenkt die Argumente des Pfarrers, seiner Mutter und seiner größeren Schwester so lange, bis er sie so weit umgedeutet hat, dass sie ihm zuraten. Letztlich aber, so kommentiert der Ich-Erzähler weiter, hat ihn damals ein Muster beherrscht, „nach dem sich mein Leben lang Denken und Handeln zueinander gefügt oder nicht zueinander gefügt haben." (S. 21) Er könne etwas gedacht haben, aber dann durchaus in ganz anderer Weise handeln. Denken und Handeln seien eigenständig, das Handeln habe „seine eigene Quelle" (S. 22).

Neu erworbene Sicherheit

Hanna macht es Michael leicht, seine Ängste vor der Sexualität zu überwinden. Die Selbstverständlichkeit, mit der sie in ihrem Körper zu ruhen scheint, die Unmittelbarkeit, mit der sie seine innersten Bedürfnisse erkennt und ausspricht, bauen seine Verkrampfungen ab.

Gleichzeitig hilft ihm das ungetrübte Erleben sexueller Lust dabei, die Überlegenheit der über zwanzig Jahre älteren Hanna hinzunehmen. Ihre Sicherheit überträgt sich auch auf ihn: Er fühlt sich wohl in seinem Körper, erlebt sich „kraftvoll und überlegen" (S. 29) und möchte diese neu erworbene Männlichkeit auch nach außen dokumentieren. In der Schule ist er erfolgreicher, fühlt sich von seinen Lehrern nun stärker beachtet und kann den Mädchen in seiner Klasse „gelassen und kameradschaftlich" (S. 64) begegnen. Schließlich bedeutet die neue sexuelle Erfahrung für ihn auch eine Ablösung, ein „Abschied" (S. 32) von der Familie.

Abhängigkeit von Hanna

Gleichzeitig führt diese Beziehung aber auch zu Abhängigkeit und Isolation. Bereits Michaels anfängliche Unerfahrenheit und Sensibilität prädestinieren ihn dafür, von einer so willensstarken und bestimmenden Frau wie Hanna an sich gebunden zu werden. Wenn er nach der ersten sexuellen Begegnung mit Hanna derart überwältigt ist, dass er in der darauffolgenden Nacht vor Sehnsucht kaum schläft, sich „nie mehr selbst befriedigen" (S. 28) will und das Gefühl hat, „verwöhnt worden" zu sein und es „abgelten" (S. 28) zu müssen, so ist die Intensität des Erlebens nicht einfach mit seiner Jugendlichkeit zu erklären. Für Michael wiederholt sich im Zusammensein mit Hanna eine Erfahrung,

Übernahme der Mutterrolle

die bisher an seine Mutter gebunden ist. Als vierjähriges Kind, so berichtet der Erzähler, hat ihn seine Mutter einmal auf einen Stuhl vor den warmen Ofen gestellt, gewaschen und angezogen. Immer wenn er sich diese Szene vergegenwärtigt, wird zum einen die Erinnerung an Wärme und Genuss geweckt, zum andern die Vorstellung, verwöhnt worden zu sein, ohne dass sich für ihn der Grund dafür erschlossen hätte. So wird verständlich, dass Michael dem Ritual des Waschens nichts entgegenzusetzen hat, und es ist nahe liegend, dass Hanna in Michaels Gefühlswelt die Rolle der Mutter besetzt. Eine solche Deutung verstärkt der Erzähler durch einen Verweis auf Michaels literarische Vorlieben und seine Leseweise. Bei der Lektüre von Stendhals Roman „Rot und Schwarz" nimmt er an der Beziehung des jungen Julien Sorel zu der älteren Madame de Rênal intensiv Anteil und sieht in Thomas Manns „Felix Krull" den Helden am Ende lieber in den Armen der Mutter als der Tochter (vgl. S. 40).

Da Hanna nicht nur Michaels Bedürfnis nach Nähe, Erotik und Sexualität befriedigt, sein Selbstbewusstsein stärkt und so auch zu seiner sozialen Anerkennung beiträgt, sondern auch noch an die Mutter gebundene Kindheitserinnerungen aktualisiert und die Mutterrolle übernimmt, führt Michaels Abhängigkeit von ihr zunehmend zu problematischen Formen der Anpassung. Schon die Erweiterung der Liebesrituale durch das vorangehende Vorlesen ist für Michael eine Störung des gewohnten Ablaufs, eine Irritation. Aber seine Gegenwehr wirkt halbherzig. Als er schließlich wenig später aus dem gewohnten Ritual ausbricht und früh morgens in eine Straßenbahn steigt, in der Hanna Frühdienst hat, entsteht der erste Streit mit einschneidender Bedeutung. Michael möchte sein Bedürfnis nach Nähe und Intimität auf seine Weise befriedigen und dringt in ihre Arbeitswelt ein. Doch während Hanna mit dem Fahrer plaudert, wartet Michael im hinteren Wagen vergebens darauf, dass sie zu ihm steigt und sich ihm zuwendet. Mögen auch Michaels Signale zu wenig klar sein und Hannas Bereitschaft, sich mit ihnen auseinander zu setzen, zu gering. Entscheidender ist der sich anschließende Disput: Michael stellt Hanna empört zur Rede, kann sich aber gegen ihre Situationsdeutung nicht durchsetzen und wird schließlich der Wohnung verwiesen. Nach einer halben Stunde kehrt er zurück, bekennt, „gedankenlos, rücksichtslos, lieblos gehandelt" (S. 49) zu haben, ist glücklich, als sie zugibt, durch ihn verletzt worden zu sein, und bettelt um Verzeihung. Michael, der angetreten ist, mit einer

Aus Abhängigkeit wird Anpassung

Michaels Unterwerfung

eigenen Aktion seine Wünsche zu realisieren, verlässt die Szene gedemütigt und Abbitte leistend. Dem entsprechend kommentiert der Ich-Erzähler diese Szene als eine Kapitulation mit verheerenden Folgen. Künftig beugt sich Michael Hannas Dominanzanspruch, gibt Fehler zu, die er nicht begangen hat und bettelt um Liebe. Wie sehr sich Michael aus der Furcht heraus, Hanna verlieren zu können, erniedrigt, zeigt auch jenes unglücklich verlaufende Spiel mit erfundenen Kosenamen: Als Michael Hanna mit einem Pferd vergleicht und Hanna ihn daraufhin entsetzt anschaut (vgl. S. 68f.), paraphrasiert und interpretiert er seinen Vergleich, um ihr zu gefallen, immer auch bereit, alles wieder zurückzunehmen.

Intelligenz und Ausdauer

Zeigt sich Michael auch in der Beziehung zu Hanna von einer problematischen Anpassungsbereitschaft und kann er auch ihrem Dominanzanspruch wenig entgegensetzen, so erweist er sich andererseits aber als außergewöhnlich intelligent und ausdauernd. Von Hanna angespornt, holt er in wenigen Wochen den durch seine Krankheit versäumten schulischen Stoff nach und wird in die Obersekunda, die heutige elfte Jahrgangsstufe des Gymnasiums versetzt. Wenngleich vor dem Hintergrund seines bildungsbürgerlichen Elternhauses auch nicht unerklärbar, ist sein Lesepensum erstaunlich und sein Zugriff auf literarische Texte gewandt und sicher. Doch gerade dadurch entsteht ein weiterer Konflikt, dessen Folgen in Michaels Psyche noch tiefere Spuren hinterlassen. Michael wird nun in eine koedukative Klasse versetzt, die im Sommer im Schwimmbad ein soziales Leben entfaltet, aus dem Michael sich nicht ausgrenzen will.

Schulfreunde als neue Gruppe

Die Leichtigkeit des „Redens, Scherzens, Spielens und Flirtens" (S. 71) mit gleichaltrigen Jungen und Mädchen zieht ihn von Hanna weg, aktualisiert aber gleichzeitig auch seine immer vorhandene Trennungsangst. So entzieht er sich manchmal der Runde seiner Klassenkameraden und -kameradinnen ohne Angabe von Gründen, empfindet aber doch den Ritualen mit Hanna gegenüber „Groll" (S. 71). Intuitiv redet er nicht über Hanna, glaubt auch, den Zeitpunkt verpasst zu haben, sie einzuführen und entwickelt in zunehmendem Maße Schuldgefühle.

Diese Gefühle, Hanna verraten zu haben, gipfeln schließlich in einer auf Michael fast schon traumatisch wirkenden Situation. Als Michael nach einer besonders intensiv erlebten Liebesbegegnung mit Hanna im Schwimmbad sitzt, sieht er sie „zwanzig bis dreißig Meter entfernt" (S. 78) zu ihm herüberblicken. Als er nach wenigen Augenblicken wieder aufschaut, ist sie verschwunden und bleibt für ihn auch weiterhin unerreichbar. Michael reagiert auf diesen Vorfall mit intensiven Schuldgefühlen: Zum einen quält ihn die Vorstellung, Hanna seinen Freundinnen und Freunden gegenüber verleugnet und damit verraten zu haben, zum anderen fühlt er sich auch für ihr unangekündigtes, spurloses Verschwinden verantwortlich. Von beiden Schuldvorstellungen kann er sich nicht mehr befreien. Seine Beziehung zu Hanna bricht für ihn in einer Situation ab, die ihm nicht mehr die Möglichkeit lässt, sich wirklich für sie oder für seine Gleichaltrigengruppe zu entscheiden. Dieser abrupte Beziehungsabbruch verhindert eine echte Klärung seiner verwirrten Gefühlswelt, nimmt ihm auch die Möglichkeit, selbst eine klare Zäsur zu setzen.

Mit seinen Schuldgefühlen und seiner Verletztheit allein gelassen, entwickelt Michael recht bald klassische Abwehrmechanismen. Da er erfahren hat, wie schmerzhaft Demütigungen und Unterdrückung, Liebesverlust und Schuldgefühle sein können, bildet er als Reaktion darauf nun ein „großspuriges, überlegenes Gehabe" (S. 84) aus, das ihn vor zu starker emotionaler Beteiligung schützen soll. Vordergründig betrachtet scheinen diese Abwehrmechanismen auch zu wirken: Immerhin berichtet der Ich-Erzähler, in seiner Erinnerung habe er in der Schule und den ersten Universitätssemestern „glückliche Jahre" (S. 84) erlebt. Doch dann vergegenwärtigt er sich auch Situationen, wo die Verdrängung des Vergangenen nicht ganz gelungen erscheint, wo er bei kleinen „Gesten liebevoller Zuwendung einen Kloß im Hals" (S. 85) gespürt hat und hinter seiner Großspurigkeit und Kälte die alte Empfindsamkeit zu Tage tritt. Schließlich belegt die Wiederbegegnung mit Hanna sehr deutlich, dass man Schuldgefühle nicht wie eine Stadt auf einer Zugreise hinter sich lassen kann (vgl. S. 83).

Erneute Konfrontation mit Hanna

Als Michael Hanna nach sieben Jahren wieder begegnet, sind seine erfolgreich aufgebauten Abwehrmechanismen auch zunächst noch intakt und es stellen sich keine Gefühle ein, als er sie überraschend erkennt. Erst dann ist er erschrocken, als ihr Anwalt einen Antrag auf Haftverschonung stellt. Als „bloße Erinnerung" (S. 93) kann sie ihren Platz in Michaels Leben einnehmen, als reale Person wünscht er sie weit weg von sich, ins Unerreichbare. Sehr deutlich wird aus seinem Wunsch, dass er seine für ihn unabgeschlossene, ihn belastende Beziehung zu Hanna mit seinen Schul- und Studienerfolgen und seinen Überheblichkeitsgesten nur überdeckt, nicht aber bearbeitet hat. So fürchtet er den Kontakt mit ihr, weil er dadurch erneut mit seinen erlittenen Demütigungen, Verlustängsten und Schuldgefühlen konfrontiert wäre und einen neuen Modus finden müsste, mit Hanna in Kenntnis ihrer Vergangenheit umzugehen.

Vom Beobachter zum Teilnehmer

Die Betäubung der Gefühle, in die die Prozessteilnehmer angesichts der schrecklichen, erschütternden Berichte verfallen sind, wirkt sich auch auf Michael lähmend aus. Doch als er überraschend erfährt, dass Hanna im Lager jüngere, schwächere Mädchen als Vorleserinnen ausgewählt hat, ehe sie schließlich nach Auschwitz in den sicheren Tod geschickt wurden, erwacht er aus seiner Lethargie. Es muss für ihn ein einschneidendes Erlebnis sein zu erfahren, an welch grausame Tradition in Hannas Leben er selbst ahnungslos angeknüpft hat. Nun ist deutlich, welche Position Michael in Hannas Leben eingenommen hat. Es ist dies auch der Moment, wo Hanna ihn anschaut und Michael mit dem alten Muster des Errötens seine emotionale Betroffenheit nach außen wenden muss. Jetzt packt ihn das Bedürfnis, in den Prozess klärend einzugreifen, jetzt wandelt er sich vom Zuschauer zum Teilnehmer (vgl. S. 131).

Michaels wirkungslose Eingriffe

Eine weitere wichtige Erfahrung, die Michaels Sicht auf Hannas Leben grundlegend verändert, ist die Entdeckung von Hannas Analphabetismus. Dadurch dass Hannas Unfähigkeit, lesen und schreiben zu können, nicht in der Öffentlichkeit des Gerichtssaals ausgebreitet, sondern von Michael auf einem Spaziergang intuitiv erschlossen wird, bleibt dieses Wissen an ihn gebunden. Es ist nun an ihm, zu Hannas Entlastung in den Prozess einzugreifen. Doch Michael ist aufgrund seiner unbewältigten Schuldverstrickung nicht in der Lage, sich zu Hanna zu bekennen und ihre Interessen wirkungsvoll zu vertreten. So bleibt sein Gespräch mit dem Vater auf der Ebene eines akademischen Diskurses und endet mit der Hilflosigkeit und Verlegenheit beider Gesprächspartner. Seine Unterredung schließlich mit dem Vorsitzenden Richter verstreicht in einem Geplauder über Studien- und Berufsfragen und Michael verlässt den Raum, ohne zu seinem eigentlichen Problem auch nur ein einziges Wort gesagt zu haben. Michael ist in dieser Lebensphase zu sehr in seinen Abwehrmechanismen verfangen, um sich für Hanna einsetzen zu können. Weder ist er in der Lage, für Hannas Zukunft eine Perspektive zu entwickeln, noch kann er sich dem Sog des Prozesses entziehen und den Verhandlungen einfach fernbleiben.

Nachwirkung der Erfahrungen

In den Jahren nach Hannas Verurteilung vollziehen sich einige für Michael wichtige Entwicklungen: Zunächst bestimmen die prägenden

Erfahrungen bei der Beobachtung des Prozesses seine Berufswahl. Keine der erlebten juristischen Berufsrollen kann Michael übernehmen, findet vielmehr in der Rechtsgeschichte eine Nische, spezialisiert sich auf das Recht im Dritten Reich und gewinnt wissenschaftliches Ansehen. Eine ohne nennenswerte Leidenschaft eingegangene Ehe scheitert nach sechs Jahren. Noch ist die Prägung seiner Sexualität durch die Erfahrung mit Hannas Körper so stark, dass eine dauerhafte Intimität mit anderen Frauen nicht möglich ist. Noch immer belasten ihn Schuldgefühle, insbesondere quält er sich mit der Schuld, eine Naziverbrecherin geliebt zu haben. Ein neuer Lebensabschnitt beginnt für Michael nach seiner Scheidung, in einer Phase der Unruhe und Schlaflosigkeit. Mit dieser Zeit beginnt offensichtlich ein Prozess der Stabilisierung und Aufarbeitung.

Vorlesen als „Therapie"

Mit seiner ehemaligen Schullektüre, der „Odyssee", beginnend, nimmt er seine Rolle als Vorleser wieder auf, doch diesmal aus der Distanz und über die Tonkassette vermittelt. Diese Zuwendung ohne unmittelbare Auseinandersetzung übt für Michael wie für Hanna eine Art therapeutische Funktion aus. Dieser ausschließliche Modus des Vorlesens, über den Michael nicht hinausgeht, ist seine Art des Kommunizierens mit Hanna, sein Umgang mit den nicht bewältigten Schuldgefühlen. Später schickt er Hanna seine eigenen literarischen Texte und sie entwickelt sich für ihn zu einer „Instanz", die „Kreativität" und „kritische Fantasie" (S. 176) in ihm bündelt. Hanna erhält so die Möglichkeit, lesen und schreiben zu lernen, damit ihre eigene Vergangenheit aufzuarbeiten und sich selbst des Maßes ihrer Schuld bewusst zu werden. Als er von ihrer baldigen Begnadigung erfährt, schafft Michael zwar einen Rahmen für ihre Resozialisation, vermeidet aber so lange wie möglich den persönlichen Kontakt mit ihr. Deutlich souveräner verhält sich Michael schließlich nach Hannas Tod, bei der Erledigung der ihm durch

Bekenntnis zu Vergangenheit

Hannas Testament zugefallenen Aufgabe in New York. Zum ersten Mal bekennt er sich im Gespräch mit der ehemaligen Zeugin und Buchautorin ohne Umschweife zu seiner frühen Beziehung zu Hanna, redet mit ihr offen über die Ereignisse der letzten Jahre und entwickelt für die Verwirklichung von Hannas Wünschen eine Lösung, der die Tochter zustimmen kann.

Schreiben aus der Distanz

Schließlich lässt sich auch die Niederschrift des Romans, das deutet jedenfalls der Ich-Erzähler im letzten Kapitel an, als ein weiterer Schritt auf dem Weg der Bearbeitung seiner Lebensgeschichte deuten. Dass ihn Schuldgefühle und Zorn noch fast ein Jahrzehnt lang aufgewühlt und daran gehindert haben, sein Leben so, wie es sich ereignet hat, anzunehmen, zeigt die Tiefe seiner Verletzungen. Erst als er schließlich seinen Frieden gefunden hat, kann er seine Lebensgeschichte stimmig beschreiben.

Hanna Schmitz

Hannas Einführung

„Die Frau, die sich meiner annahm", so führt der Erzähler nach knapp einer Seite die zweite Hauptfigur des Romans ein, „tat es fast grob." (S. 6) Die Einschätzung „grob" wird zwar durch die Partikel „fast" gemildert, dennoch bewegt sich Hannas Zuwendung zu dem hilfsbedürftigen Michael Berg auf einem schmalen Grat zwischen Entschlossenheit und Grobheit. Hanna erfasst die Situation ohne zu zögern, weiß sofort, was zu tun ist, schreckt auch vor unangenehmer Arbeit nicht zurück. Das Wasser fängt sie mit der hohlen Hand auf, „klatscht" es ihm ins Gesicht, reinigt das Trottoir mit einem Eimer und gibt ihm kurze, knappe Anweisungen im Imperativ: „Nimm den anderen!" (S. 6) Gegenüber dem sich schämenden „Jungchen" erweist sie sich als situationsmächtig, agiert mit ausladenden, kräftigen Bewegungen. Sie packt seine Schultasche, seinen Arm und bringt ihn

45

mit „schnellen" und „entschlossenen" (vgl. S. 7) Schritten nach Hause. Zuvor allerdings nimmt sie den weinenden Jungen in die Arme und tröstet ihn. Hanna Schmitz wird in dieser ersten Szene als tatkräftig, dabei aber bestimmend, als resolut bis an die Grenze zum Groben gezeichnet. Damit kann sie allenfalls die Anerkennung, nicht aber die Sympathien der Leser gewinnen. Dass Hanna nach dieser Einführung Michaels Geliebte werden könnte, zeichnet sich nicht ab.

Lebensdaten

Sowohl von ihrem Alter als auch von ihrer Herkunft her wäre eine Beziehung denkbar ungleich. Obgleich sie zehn Jahre jünger als seine Mutter ist, so rechnet Michael, könnte sie doch noch seine Mutter sein (vgl. S. 41). Hanna ist zur Zeit des ersten Romanteils 36 Jahre alt, wie man später erfährt, am 21. Oktober 1922 bei Hermannstadt in Siebenbürgen geboren. Mit etwa siebzehn Jahren beginnt sie, in Berlin bei Siemens zu arbeiten. Mit einundzwanzig Jahren sei sie „zu den Soldaten geraten" (S. 40), so erzählt sie Michael, in Wirklichkeit ist sie aber, so wird sie später vor Gericht aussagen, von der SS zum Wachdienst zunächst in Auschwitz, dann in einem kleinen Arbeitslager bei Krakau abgeworben worden. 1945 ist sie mit einem der Todesmärsche nach Westen geflohen und hat insgesamt etwa acht Jahre in Michaels Heimatstadt gelebt. Zur Zeit ihrer Beziehung zu Michael arbeitet Hanna als Straßenbahnschaffnerin, weil, so erklärt sie es ihm, sie die Uniform, die Bewegung, den „Wechsel der Bilder" und das „Rollen unter den Füßen" mag (S. 40).

Äußere Erscheinung

Sich an ihr Aussehen zu erinnern, fällt dem Ich-Erzähler nach mehr als drei Jahrzehnten schwer. Vor der Folie gleichaltriger Mädchen empfindet er Hannas Körper als „üppiger", als „kräftig" und „sehr weiblich" (vgl. S. 17). Später, als er Hanna im Gerichtssaal wiedersieht, hebt er noch ihren „breiten Rücken" und ihre „kräftigen Arme" (S. 91) hervor. Über ihr Gesicht erfahren wir Einzelheiten, die sich nur schwer zu einem

klaren Gesamtbild zusammenfügen. Als „groß-
flächig", „herb" und „fraulich" (vgl. S. 14) wird
es beschrieben: „Hohe Stirn, hohe Ba-
ckenknochen, blaßblaue Augen, volle, ohne Ein-
buchtung gleichmäßig geschwungene Lippen,
kräftiges Kinn." (S. 14) Ihr „schulterlanges,
aschblondes Haar" (S. 14) hält sie im Nacken
mit einer Spange zusammen, später vor Gericht
mit einem strenger und für Michael fremd
wirkenden „Knoten". Fast könnte man meinen,
der Ich-Erzähler wolle nach all den späteren
Erfahrungen sich seiner damaligen Einschätzung noch einmal vergewissern, wenn er betont,
dass er ihr Gesicht „schön fand." (S. 14) Denn
nachdem Michael im Verlauf des Prozesses mit
Hannas Schuldverstrickung konfrontiert ist,
werden seine ersten Eindrücke von Visionen
und Traumbildern überlagert. Er sieht die
Lageraufseherin mit „hartem Gesicht" (S. 140,
141), „mit kalten Augen und schmalem Mund"
(S. 141), wie sie ihre Macht über die Häftlinge
schonungslos ausnützt, und wacht mit Entsetzen
auf, wenn ihn dieses „herrische, grausame" (S.
142) Bild sexuell erregt.

Was auf Michael so erotisch wirkt, sind nicht
allein Hannas üppige Weiblichkeit oder die Art,
wie sie ihren Körper durch Verdecken und
Enthüllen präsentiert, sondern wie sie ihn
bewegt und in ihm lebt. Hannas Haltungen und
Bewegungen machen gelegentlich den Eindruck
des Schwerfälligen (vgl. S. 17), ohne dass ihr
Körper wirklich schwer wäre. Es sind dies
Situationen, in denen es so scheint, als habe sich
Hanna ganz in das Innere ihres Körpers zurück-
gezogen. „Weltvergessenheit" (S. 17) sieht der
Ich-Erzähler in ihren Haltungen und deutet sie
als eine Einladung, „im Inneren des Körpers die
Welt zu vergessen." (S. 18) Selbstverständlich-
keit und Sicherheit in allen Verrichtungen des
Alltags sind denn auch ein wichtiges Merkmal
ihrer Person. Dies beobachtet Michael beim
Bügeln, das sie „langsam und konzentriert"
(S. 14) erledigt. Beim Anziehen der Strümpfe

**Erotische
Ausstrahlung**

folgt sie ganz der Eigendynamik der Bewegungen, die der Erzähler detailliert schildert, es fehlt jegliches Kokettieren oder Posieren um der Wirkung willen (vgl. S. 17). Die Selbstverständlichkeit im Umgang mit ihrem Körper, die durch ihre Erfahrung gewonnene Sicherheit und Ruhe der Bewegung und des Blicks sowie die scheinbare Weltvergessenheit in ihrem Tun sind die Aspekte, die Hannas erotische Ausstrahlung dominieren. „Weltvergessenheit" bekommt allerdings noch eine tiefere Dimension, wenn man bedenkt, welcher Art die Welterfahrungen sind, die Hanna vergessen muss.

Die resolute Hanna

Auf der anderen Seite lässt Hanna eine breite Palette von Eigenschaften erkennen, die von Entschlossenheit über Härte bis zu Brutalität reichen. Immer wieder deuten knappe Erzählerkommentare auf Hannas bestimmtes und energisches Verhalten. So vollzieht sie die Waschrituale mit „besitzergreifender Gründlichkeit" (S. 33), nimmt „selbstverständlich" (ebd.) Besitz von Michael oder wird als immer eindeutig bezeichnet, in ihrer Zustimmung wie auch in ihrer Ablehnung (vgl. S. 69). Werden jedoch bei Hanna empfindliche Bereiche tangiert, führt ihr resolutes Verhalten zu krisenhaften Situationen. So wirft sie Michael mit einer brutalen Geste aus dem Bett, als er ihr gesteht, dass er wegen seiner längeren Krankheit mit einer Versetzung wohl nicht rechnen könne und auch, um bei ihr zu sein, stundenweise die Schule

Arbeits- und Pflichtbegriff

schwänze. Im Verlauf des weiteren Disputs zeigt sich, dass Hannas Leben auf einer rigorosen Vorstellung von Arbeit und Pflichterfüllung basiert und dass Michaels lasche Haltung sie empfindlich trifft. Ganz unwahrscheinlich wäre es, wenn Hannas überzogene Empörung ausschließlich aus der konkreten Situation erwachsen wäre. Plausibler ist, dass hier die rigide Haltung der ehemaligen Aufseherin in einem Arbeitslager aktualisiert wird, in dem die für die Arbeit zu schwachen Häftlinge nach Auschwitz geschickt wurden. Ähnlich erklärbar sind Hannas überraschende Ironie und ihre Vorwürfe, als Michael ihr klar macht, dass er wegen ihr um halb fünf mit der Straßenbahn nach Schwetzingen gefahren sei. Hanna liest in dieser Situation aus Michaels Worten die für sie provozierende Klage heraus, er habe in seinen Ferien unangemessen früh aufstehen müssen, und sie fühlt sich in ihrer Arbeitsrolle nicht anerkannt. Schließlich führt ihre starre Arbeitsmoral auch dazu, dass sie, als ihr Michael aus Eichendorffs „Leben eines Taugenichts" vorliest, dem Taugenichts dessen Müßiggehen nicht verzeihen will (vgl. S. 56).

Ein deutlich brutales Verhalten legt Hanna an den Tag, als Michael morgens, nachdem er einen Zettel auf ihrem Nachttisch hinterlegt hat, das gemeinsame Gasthofzimmer verlässt, um das Frühstück und eine Rose hochzubringen. Wenn ihm Hanna bei seiner Rückkehr mit ihrem Ledergürtel quer durch das Gesicht schlägt und seine Lippe aufplatzt, so ist dies ein so menschenverachtender Gestus, dass der Bezug zu ihrer SS-Vergangenheit unmittelbar deutlich wird. Vielleicht scheint sich Hanna dieser Zusammenhange auch bewusst zu werden, zumindest lässt sich ihr anschließender Weinkrampf mit „tonlosen Schreien" (vgl. S. 55) so deuten. Schließlich sind die Motive für Hannas Verhalten in dieser Schlüsselsituation aber nicht klar auszumachen und werden auch nachträglich nicht weiter erhellt. Möglich wäre, dass Hanna den Zettel gesehen hätte und ihre Unfähigkeit, das Geschriebene zu lesen, die unmittelbare Konfrontation mit ihrem mühselig kaschierten Analphabetismus, Wut und Aggression in ihr aufgestaut hätte. Denkbar wäre auch, dass sie, die sich bisher auf der gemeinsamen Radtour ganz auf Michaels Führung verlassen hat, nun eine Isolation fürchtet, aus der sie sich nicht ohne Gesichtsverlust befreien könnte. Dies alles treibt sie zu einer Brutalität, über deren Ausmaß sie vielleicht selbst erschrickt.

Aspekte der Brutalität

**System von
Verdrängungen**

So wird Hanna im ersten Teil des Romans zu einer Figur, deren Verhalten in vielen Situationen nur aus dem Kontext ihrer dem ahnungslosen Michael noch nicht bekannten Vergangenheit erklärbar wäre. Immer wieder erlebt Michael verwirrende und einschüchternde Reaktionen, von deren Ursprüngen er nichts wissen kann. So schreckt Hanna voller Misstrauen hoch, als Michael sie überraschend nach ihrem Namen fragt (vgl. S. 34). Als er sie mitten in einem liebevoll begonnen Metaphernspiel mit einem Pferd vergleicht (vgl. S. 69), schaut sie ihn entsetzt an und verlangt nach Erklärung. Möglicherweise weiß Hanna, dass es eine KZ-Aufseherin gab, die als „Stute von Maidanek" bezeichnet wurde, und aktualisiert verdrängte Ängste vor dem Entdecktwerden. So folgt Hannas Leben einem System von Verdrängungen und des Versteckens. Sie verdrängt ihre Vergangenheit, versteckt ihren Analphabetismus und schottet ihr Privatleben weitgehend ab. Sie folgt einer Dynamik, die sich sowohl Michael als auch dem Leser, wenn überhaupt, erst später erschließt.

**Hanna als
Angeklagte**

Mit Beginn des Prozesses wird Hanna gezwungen, sich mit ihrer Vergangenheit als KZ-Aufseherin auseinanderzusetzen, ihr damaliges Verhalten zu rekonstruieren und sich zu rechtfertigen. Hanna ist inzwischen sieben Jahre älter, ohne dass wir über diese Jahre etwas erfahren hätten, Michael ein juristisch geschulter Beobachter aus den Reihen der Zuschauer. Gegensätzlicher könnte das Setting kaum sein: Nicht mehr die in ihrer eigenen Welt Umworbene und Geliebte ist Hanna, sondern die Angeklagte in einem sozialen Raum, dessen Zusammenhänge und Spielregeln sie nicht kennt. Dennoch bleiben viele ihrer Verhaltensweisen gleich: Da sie sich um das Publikum nicht kümmert, mit ihrem Anwalt oder den anderen Angeklagten nicht spricht und in den Verhandlungspausen auf ihrem Platz bleibt, wirkt ihr Verhalten „hochmütig" (S. 95). Die Weltvergessenheit und Sicherheit, die Michael in ihrem körperlichen

**Hochmut und
Anspannung**

Ausdruck bewundert hat, weicht zwar sichtbaren Zeichen der Anspannung, wenn sie sich in die Enge getrieben fühlt, doch ihre Haltung zu den ihr vorgeworfenen Verbrechen ist von einer ganz ähnlichen Selbstsicherheit und Unbefangenheit. Was eigentlich auf einer grundsätzlich humanen und moralischen Ebene hätte abgehandelt werden müssen, reduziert Hanna mit provozierender Beharrlichkeit auf eine Sach- und Organisationsfrage. Besonders offensichtlich wird dies in jenem Prozessteil, in dem Hanna auf den wöchentlichen Rücktransport der nicht mehr arbeitsfähigen Lagerinsassen nach Auschwitz angesprochen wird. Auf die Frage, ob sie gewusst habe, dass sie die von ihr ausgewählten Frauen in den Tod schicke, antwortet sie mit der Feststellung, sie hätte für die neuen Insassen Platz schaffen müssen (vgl. S 106). Im Ausblenden humanitären Denkens und im Insistieren auf organisatorische Sachzwänge geht sie sogar noch einen Schritt weiter, indem sie den Vorsitzenden Richter fragt, was er denn an ihrer Stelle getan hätte (vgl. S. 107).

Spätestens hier wird deutlich, dass der Prozess zu Hannas Aufarbeitung ihrer schuldhaften Verstrickung so gut wie nichts beitragen kann. Dies hat auch Hanna selbst erkannt, wenn sie zu Michael am Ende ihrer Gefängniszeit sagt, es habe sie keiner verstanden, also hätte auch niemand Rechenschaft von ihr fordern können (vgl. S. 187). Hanna hat aufgrund ihrer fehlenden formalen Bildung, deren deutlichstes Zeichen der Analphabetismus ist, für die Auseinandersetzung mit moralischen Fragen keine gedanklichen Strukturen. Sie denkt in Kategorien der Pflicht, bewertet ihr damaliges Verhalten unter dem Gesichtspunkt der korrekten Ausführung von vorgegebenen Arbeitsstrukturen. Deswegen erlebt sie die ihr vorgeworfenen Vergehen als boshafte Unterstellungen.

Schließlich kann Hanna der Prozess auch deswegen bei der Einsicht ihrer Schuld nicht helfen,

Unfähigkeit zur Einsicht

Fehlender Durchblick

weil sie dessen Zusammenhänge und Regeln nicht durchschaut. Einerseits kann sie nicht eingestehen, die Anklageschrift nicht gelesen zu haben, sie verhält sich „verwirrt und ratlos" (S. 105), andererseits wehrt sie sich „beharrlich" (S. 105) und mit hohem Gerechtigkeitsempfinden gegen Aussagen, die sie gemacht haben soll. Statt die sie entlastenden Lücken in den Zeugenaussagen zu nutzen und die Gefahr, in die sich die Zeugen durch ihre Einlassungen hätten begeben können, strategisch auszuspielen (vgl. S. 110), belastet sie sich eher selbst. So ist es nur konsequent, dass Hanna, um ihr bisher gehütetes Geheimnis nicht preisgeben zu müssen, sich dazu bekennt, den Bericht über die Bombardierung der Kirche selbst geschrieben zu haben, und dann ihren Widerstand aufgibt. Wenn sie schließlich bei der Urteilsverkündung ein Kostüm wählt, das dem einer KZ-Aufseherin ähnelt, so kann dies als ihr letzter Versuch verstanden werden, die Identität mit ihrer damaligen Rolle und ihrem Verhalten zu dokumentieren und der empörten Öffentlichkeit wortlos zu verstehen zu geben, dass dieses Verfahren ihr keine Einsicht gebracht hat.

Verstrickung durch Vertuschen

Kampf um ihre Wahrheit

Dennoch stellt sich dem Leser die auch vom Ich-Erzähler formulierte Frage, warum sich Hanna eher als NS-Verbrecherin zu einer lebenslänglichen Freiheitsstrafe verurteilen lässt, als die vergleichsweise geringere Schmach auf sich zu nehmen, als Analphabetin entdeckt zu werden. „Sie verfolgte nicht ihr Interesse", so deutet der Erzähler ihr Verhalten, „sondern kämpfte um ihre Wahrheit, ihre Gerechtigkeit." (S. 128) Starr und beharrlich kämpft Hanna während der ganzen Verhandlung lediglich darum, dass die Zusammenhänge ihres Handelns wirklichkeitsgetreu herausgearbeitet werden, auch wenn sie dabei ihren Interessen zuwiderhandelt. Sie gibt zu und widerspricht, wenn sie es tun zu müssen glaubt; ob sie damit die Richter oder die Mitangeklagten gegen sich aufbringt, ist ihr gleichgültig. Sie bekennt sich zu ihrer Verantwortung, auch wo sie sich hätte herausreden können. „Sie akzeptierte, daß sie zur Rechenschaft gezogen wurde", so die Erklärung des Ich-Erzählers, „wollte nur nicht überdies bloßgestellt werden." (S. 128) So verlässt Hanna nach der Verlesung der Urteilsbegründung den Gerichtssaal mit einem Blick, der Hochmut und Verletzung, Verlorenheit und unendliche Müdigkeit ausdrückt (vgl. S. 157).

Wenn Hanna im Verlauf des Romans eine Entwicklung durchläuft, dann sicherlich nicht während der Monate des Prozesses, ihres Kampfes um ihre Wahrheit, sondern in den Jahren ihrer Haft. Nach acht Jahren im Gefängnis erhält sie die ersten Kassetten von Michael. Nach weiteren vier Jahren empfängt Michael die erste kurze schriftliche Nachricht von Hanna. Wie die Gefängisleiterin berichtet, hat sich Hanna die von Michael vorgelesenen Bücher ausgeliehen und so das Gesprochene Buchstabe für Buchstabe verfolgt. Es spricht für Hannas Beharrlichkeit und Härte, dass sie sich dieser Energieleistung unterzogen hat. „Gewaltsam" (S. 177) ist diese spät erlernte Schrift, als müsste „jeder Buchstabe neu erkämpft" (vgl. S. 178), die Hand „vorangezwungen werden." (S. 177) Der Erzähler deutet diesen verspäteten Lernprozess als einen „Schritt aus der Unmündigkeit zur Mündigkeit" (S. 178), dem man die Kraft und den Kampf, die er gekostet hat, noch ansieht (vgl. S. 178). Mit dem Erlernen der Schrift schafft sich Hanna auch die Voraussetzung, sich auf einer neuen, ihr bisher verschlossenen Ebene mit ihrer Schuld auseinanderzusetzen. Nun sucht sie gezielt nach Literatur über die NS-Zeit und in ihrer Zelle findet Michael neben wissenschaftlicher Literatur auch autobiografische Schriften der Opfer wie der Täter.

Gleichermaßen fügt es sich in Hannas Persönlichkeitsbild, dass sie im Gefängnis Selbstständigkeit und Engagement zeigt, bei ihren Mithäftlingen Ansehen genießt und als Autorität um

Erlernen der Schrift

Mühsal des Schreibens

Engagement und Resignation

Rat gefragt wird. Als Michael Hanna eine Woche vor ihrer Entlassung zum ersten Mal besucht, hat sie jedoch bereits resigniert. Ihre Haare sind grau, ihr Gesicht markieren tiefe senkrechte Stirnfalten, ihr Körper ist schwer geworden, ihr Geruch der einer alten Frau und, was Michael besonders schmerzen muss, sie fühlt sich nicht mehr so „richtig" (S. 188) an wie früher. Es deutet sich an, dass Hanna keine Zukunft mehr hat.

Hannas Selbstmord

Wenn Hanna sich schließlich am Morgen ihres Entlassungstags in ihrer Zelle erhängt, hinterlässt dieser Selbstmord alle Betroffenen hilflos. Aus der gesamten Logik des Romans heraus ist er indessen konsequent. Aus den vielen Signalen, die sie von Michael erhalten hat, muss ihr deutlich geworden sein, dass in seinem Leben für sie kein angemessener Platz mehr ist, und es ist fraglich, ob sich Hanna mit einer marginalen, von Erinnerungsbruchstücken und Verantwortungsgefühl belebten Rolle hätte zufrieden geben können. Zum anderen hat sich Hanna nach dem mühseligen Erlernen der Schrift auf einer nunmehr moralischen Ebene mit ihrer Schuld auseinandersetzen können. In diesem Kontext lässt sich auch der zuletzt beginnende Prozess des Rückzugs und der Verwahrlosung deuten, den die Gefängnisleiterin mit der Bemerkung kommentiert, selbst ein Kloster sei Hanna noch „zu gesellig und geschwätzig" (S. 196) gewesen. So setzt Hanna mit ihrem Selbstmord ein brutales und aggressives Ende, ein Ende aber, das der Eindeutigkeit ihres Denkens und Empfindens in Zustimmung oder Ablehnung entspricht.

Michaels Familie

Der Vater als Oberhaupt

Durch den Beruf des Vaters, eines Universitätsprofessors der Philosophie, ist Michaels Familie dem Bildungsbürgertum zuzuordnen. Durch sein hauptsächliches Forschungs- und Publikationsgebiet, die Philosophen Kant und Hegel, umgibt ihn eine idealistische Aura, an der der junge Michael nicht ganz teilhaben kann. Weinkrämpfe, Schläge als Äußerungen turbulenter Gefühle kommen in seiner Familie nicht vor, das Verständigungsmittel ist die Sprache (vgl. S. 55). Denken, Lesen, Schreiben, Lehren (vgl. S. 31) sind die vorrangigen Tätigkeiten des Vaters, bei dem man, wenn er im Kreis seiner Familie nachdenkt, nie genau weiß, ob er nicht gerade wieder zu seiner Arbeit abschweift. Um Störfaktoren von seinem philosophischen Denken abzuhalten, kultiviert er eine professorale Förmlichkeit, die fast schon groteske Züge annimmt.

Wie seinen Studenten, die sich zu Zeiten seiner Sprechstunde im Flur wartend aufreihen, gibt er auch seinen Kindern feste Besprechungstermine, lässt sie anklopfen, eintreten und das Problem vortragen. Zwar kümmert sich der Vater um die Belange seiner Familie, doch ordnet er sie nicht seiner Welt zu. Mit dem Status von Haustieren vergleicht Michael die Bedeutung, die der Vater den Familienmitgliedern beimisst, mit Wesen, deren Unterhaltungswert man zu schätzen weiß, deren Pflege aber auch gelegentlich zur Last fallen kann (vgl. S. 31). Auf der Gefühlsebene empfindet Michael seinen Vater als wenig mitteilsam und ausgeprägt, vielleicht, so vermutet er, habe sein Vater in seiner Jugend einmal ein reicheres Gefühlsleben besessen, das im Verlauf seines Lebens durch einen Prozess des Verdorrens oder Absterbens (vgl. S. 134) auf der Strecke geblieben sei. Vielleicht projiziert Michael bei solchen Erklärungen aber auch nur Teile seiner eigenen Lebensgeschichte in die Biografie des Vaters, um so die Distanz zu erklären, die der Vater zu seiner Umwelt aufbaut und die auch Michaels Beziehung zu seinen Mitmenschen prägt. So bewahrt der Vater mit ritualisierter Umständlichkeit die Rolle des Familienoberhaupts. Als es darum geht, ob Michael nach seiner langen Krankheit wieder zur Schule gehen kann, überlässt die Mutter ihm die letzte Entscheidung, die er dann nach einigem Nachdenken und Nachfragen auch trifft.

Vater als Berater

Als Michael nach der Entdeckung von Hannas Analphabetismus nicht weiß, ob er sich nicht klärend und Hanna entlastend in das Verfahren einmischen müsse, fragt er schließlich seinen Vater als erfahren im Umgang mit moralischen Themen um Rat. Dabei entsteht ein Gespräch, in dessen Verlauf zwar moralische Grundsatzfragen anschaulich behandelt, nicht aber Michaels persönliche Probleme wirklich geklärt werden. Kaum auszumachen ist allerdings, wer für den unbefriedigenden Ausgang des Gesprächs die größere Verantwortung trägt. Michaels Vater jedenfalls behandelt das Problem seines Sohns auf einer abstrakten, vom konkreten Fall abgehobenen Ebene. Seine Egozentrik, seine Befangenheit im eigenen Denken und seine Disziplin machen es ihm nicht möglich, Michaels existenzielle Betroffenheit zu bemerken, oder, wenn er sie bemerkt hätte, ihr offen zu begegnen. Michael muss zwar anerkennen, dass sein Vater anschaulich argumentiert und moralische Positionen sogar an Szenen aus Michaels Erziehung

Missglückter Lebensbezug

verdeutlicht, doch wenn eine Frage Michaels aus der Sicht des Vaters „neben der Sache" (S. 138) liegt, ist das Gespräch beendet. Was diesen in den Grenzen seiner Philosophie lebenden Vater schließlich doch sympathisch macht, ist das Bewusstsein seiner eigenen Hilflosigkeit. Zwar kann er die Rolle, die er für Michael übernimmt, reflektieren, findet aber in dieser Situation keine Strategie, auf einer anderen als einer streng philosophischen Ebene mit ihm zu reden.

Die Mutter: Hüterin der Konvention

Sind dem Vater höchste moralische Fragen und wichtige lebenspraktische Entscheidungen vorbehalten, so ist die Mutter eher für die Pflege der Kinder, die emotionale Wärme und das Einhalten der Konventionen zuständig. So veranlasst sie bereits im ersten Kapitel, nachdem Hanna den kranken Michael fürs erste versorgt hat, eine ärztliche Diagnose und hält ihren Sohn nach seiner Gesundung dazu an, Hanna mit einem selbst gekauften Blumenstrauß einen förmlichen Dankesbesuch abzustatten. Offensichtlich hält die Mutter auf die gesellschaftliche Etikette und gibt durch ihr Insistieren dem Leben ihres Sohnes die entscheidende Wende. „Ich glaube nicht, dass ich sie sonst besucht hätte" (S. 7) schreibt der Ich-Erzähler rückblickend und betont, dass ein solcher Besuch für seine Mutter „selbstverständlich" (S. 7) gewesen sei. Damit verhält sich die Mutter in vergleichbarer Weise konventionell und ahnungslos wie Claudia Galotti, die Mutter Emilias, die durch ihre Zugeständnisse an die Gesellschaft das Glück ihrer Tochter aufs Spiel setzt. Diese zumindest vagen Bezüge zu Lessings „Emilia Galotti" sind nicht zuletzt deshalb nicht allzu weit hergeholt, als Lessings Drama der erste vollständige Text ist, den Michael Hanna vorliest (vgl. S. 43). Auch hängt es mit den frühkindlichen Erfahrungen mit seiner Mutter zusammen, dass Hannas Waschritual auf Michael so eine intensive Wirkung ausübt.

Nähe zu Claudia Galotti

Zwar zeigt sich nach Michaels erstem längeren Besuch bei Hanna und Fernbleiben von der Familie, den familiären Rollen entsprechend, die Mutter besorgt und der Vater eher ärgerlich, doch räumen ihm seine Eltern zu seinem eigenen Erstaunen weit gehende Freiheiten ein. Ohne ihm jedoch in seine Karten schauen zu können, provozieren ihn gelegentlich seine Geschwister auf eine je eigene Weise. Sein älterer Bruder, der gegenüber Michael die ganze Kindheit lang seine Überlegenheit hat verteidigen müssen, verhält sich herausfordernd, provozierend und den Bruder bloßstellend. Im Gegensatz dazu nimmt die ältere Schwester, durch ihr Studium bereits etwas distanzierter gegenüber der Familie, die Rolle der verständnisvoll Beobachtenden und Vertrauten ein. Selbstbewusst und frech gibt sich die jüngste Schwester, die Michael in den Osterferien zwar alleine zurücklässt, dafür aber

Die Geschwister

ein Paar Jeans und einen Nicki-Pullover erpresst und Michael zum Laden- und Kaufhausdiebstahl verführt.

Die Klassenkameradinnen und -kameraden

Neuer sozialer Fokus

In dem Maße, wie Michaels Liebe zu Hanna in einen „Gleitflug" (S. 67) gerät, intensiviert sich seine Beziehung zu den Mitschülerinnen und -schülern. Begünstigt durch die Sommermonate bildet sich im Schwimmbad ein Zentrum für zwanglose Sozialkontakte. Hier herrscht die Leichtigkeit des „Redens, Scherzens, Spielens und Flirtens" (S. 71). Nur wenige der Klassenkameraden werden namentlich herausgehoben, unter ihnen der Schach- und Hockeyspieler Rudolf Bargen und der an Literatur und Geschichte interessierte Holger Schlüter. Für Michaels emotionale Entwicklung bedeutsamer ist allerdings die Banknachbarin Sophie, die als

Sophie: Konkurrenz zu Hanna

„braunhaarig, braunäugig, sommerlich gebräunt, mit goldenen Härchen auf den nackten Armen" (S. 64) beschrieben wird. Wenn Sophie Michaels aufmerksame Blicke spürt, wendet sie sich ihm zu und lächelt ihn an. Wie intensiv Michaels Gefühle zu ihr sind, enthüllt eine Schlüsselsituation aus dem Griechischunterricht, in dem Homers „Odyssee" gelesen wird. Bei der Übersetzung von Nausikaas Begegnung mit Odysseus kann sich Michael nicht mehr entscheiden, ob er bei der schönen Königstochter Nausikaa eher an Hanna oder an Sophie denken soll (vgl. S. 66). Ein Blick auf den Homerschen Text enthüllt die Vielschichtigkeit dieser literarischen Anspielung. Nausikaa wird bei Homer als „hohe, blühende Jungfrau" apostrophiert, als „lilienarmige Jungfrau", wobei hier die Bezüge zu Sophies „goldenen Härchen auf den nackten Armen" offenkundig werden. Gleichzeitig schafft der Text auch eine motivische Nähe zu Hannas Waschritualen. Nausikaa

ist als einzige der am Strand spielenden Jung-
frauen über den nackten, vom „Schlamm des
Meeres besudelten" Odysseus nicht erschrocken,
begegnet ihm freundlich, lässt ihm Öle und
Salben reichen und ihn zum reinigenden Bad
im Fluss führen (vgl. Odyssee, 6. Gesang). Dass
in Michaels Fantasie Hanna und Sophie mit dem
Bild Nausikaas zusammengebracht werden, ist
ein Zeichen für die Verlockung, die von Sophie
ausgeht. Sophie nimmt auch an Michaels Leben

**Sophies
Enttäuschung**

so viel Anteil, dass sie, während sie sich frierend
vor einem Gewitter schützen, die Intimität der
Situation nutzt und Michael nach dem offensichtlich geheim gehaltenen Bereich seines Lebens fragt. Durch ihr authentisches Interesse für
Michaels Leben, ihre ehrliche Bereitschaft zur
Anteilnahme müsste sie es Michael eigentlich
leicht machen, über seine Beziehung mit Hanna
zu reden. Doch auch diese Bekanntschaft leidet
unter dem Schatten Hannas und hat keine
Chance, sich zu entwickeln. Als Sophie nach
diagnostizierter Tuberkulose und jahrelangem
Sanatoriumsaufenthalt den Kontakt zu Michael
wieder aufnimmt, ist sie nach einer episodischen
sexuellen Begegnung tief enttäuscht über Michaels Teilnahmslosigkeit.

Die Ehefrau Gertrud

Enttäuschend verläuft auch Michaels immerhin
mehr als fünfjährige Ehe mit der ehemaligen
Studienkollegin und späteren Mitreferendarin
Gertrud. Als „gescheit, tüchtig und loyal" (S.

**Unerfüllte
Wünsche**

164) wird Gertrud bezeichnet, als lebensprak-
tisch und anpackend. Entwickelt hat sich die
Beziehung aus dem gemeinsamen Arbeitsbezug,
geheiratet haben sie, weil „Gertrud ein Kind
erwartete." (S. 164) Die Beziehung scheitert,
weil Gertruds körperliche Ausstrahlung, ihre
Sinnlichkeit, ihre Gerüche dem dauernden Vergleich mit Hanna nicht standhalten können.
Gertrud wie Michael möchten der Ehe ein Ende

setzen, trennen sich „ohne Bitterkeit" und „in Loyalität" (S. 165). Ohne von Michaels Beziehung zu Hanna erfahren zu haben, deutet Gertrud später Michaels Entscheidung, in der rechtsgeschichtlichen Forschung zu arbeiten, als „eine Flucht vor der Herausforderung und Verantwortung des Lebens" (S. 171).

„Die Tochter" als Zeugin

Das Buch als Anklage

Aufgedeckt wird Hannas Vergangenheit durch das in Amerika veröffentlichte Buch jener Gefangenen, die mit ihrer Mutter zusammen auf dem Todesmarsch von Krakau nach Westen den Bombenangriff auf die Kirche überlebt hat. Ihr Name bleibt ungenannt, als „die Tochter" wird sie bezeichnet, doch kommt ihr innerhalb des Romangeschehens eine wichtige Funktion zu. Zum einen haben Justiz und Polizei nur aufgrund ihres Buches Nachforschungen aufgenommen, Hanna und die Mitangeklagten sowie weitere Zeugen aufgespürt und angeklagt. Michael kann diesem Buch seinen Respekt nicht versagen: Zwar lasse es alle Beteiligten wenig „Gesicht und Gestalt" (S. 114) gewinnen und schaffe Distanz, doch dokumentiere es das Vermögen der Autorin, „zu registrieren und zu analysieren" (S. 115). Auch habe sich die Autorin weder durch Selbstmitleid noch durch das Bewusstsein, Überlebende zu sein, korrumpieren lassen. Zum andern ist es auch sie, die im Verhandlungsraum spontan aufspringend berichtet, Hanna habe ihre Lieblinge, die „jungen, schwachen und zarten" (S. 112), als Vorleserinnen ausgewählt, ehe sie nach Auschwitz in den Tod geschickt worden seien. Damit erhält das Motiv des Vorlesens eine entscheidend neue, verhängnisvolle Dimension. Schließlich ist Michael durch Hannas Vermächtnis gehalten, mit der Tochter in Kontakt zu treten und ihr Hannas

Authentisches Abschlussgespräch

Ersparnisse zur weiteren Verwendung zu übergeben. Bei diesem Gespräch in New York wird aus der Distanz heraus und abschließend noch einmal über Hannas Schuld gesprochen. Michael beschreibt die Tochter als sachlich und abgegrenzt, weder freundlich noch unfreundlich, mit einem „eigentümlich alterslosen" (vgl. S. 200) Gesicht. Zunächst bleibt sie abweisend und kühl, zielt mit ihren direkten Fragen und Bemerkungen unmittelbar auf den Kern der Dinge. So erreicht sie es, dass ihr Michael ohne Umschweife die wichtigsten Informationen über seine Beziehung zu Hanna mitteilt. Ihre darauf reagierende Einschätzung „Was ist diese Frau brutal gewesen." (S. 202) bringt in dieser Deutlichkeit zum ersten Mal eine Position der Opfer zur Sprache, in die nun auch Michael mit seinem Lebensschicksal einbezogen ist. Zwar verweigert die Tochter jede Form der Absolution und der Anerkennung von Hannas Bemühen, ihre Schuld aufzuarbeiten, doch ermächtigt sie Michael schließlich, das Geld einer jüdischen Einrichtung zu überweisen. Dass sie allerdings Hannas Teedose behält, weil ihr eine ähnliche im Lager entwendet wurde, lässt zumindest auf emotionale Betroffenheit schließen.

3. Die Thematik

Liebe und Schuld

Facetten der
Liebesgeschichte

Die Liebesgeschichte zwischen Michael und Hanna wird schon in den ersten Rezensionen des Romans auffallend unterschiedlich charakterisiert und bewertet. So deutet beispielsweise Werner Fuld die Episode als „heimliche Romanze zwischen einem 15jährigen Gymnasiasten und einer reifen, 20 Jahre älteren Frau" (Focus, 30. 09. 95), Rainer Moritz sieht die Liebesgeschichte als eine „Zufallsbegegnung, aus der eine heftige Leidenschaft wird, eine ungleiche und unvergessliche Verbindung" (Die Weltwoche, 23. 11. 95). Etwas kritischer beurteilt Volker Hage die Beziehung als „sanftes Hinübergleiten aus dem Zustand nicht mehr ganz reiner Unschuld in die reine Lust, die beim Jungen schon bald zur sexuellen Abhängigkeit wird" (Der Spiegel, 20. 11. 95). Marion Löhndorf schließlich hebt auf die sich nachträglich erschließenden Tiefendimensionen dieser Liebesbegegnung ab und urteilt erheblich schärfer: „Im Rückblick werden Grundzüge eines sado-masochistischen Verhältnisses sichtbar, dem der damals Fünfzehnjährige verständnis- und hilflos ausgeliefert war." (Neue Züricher Zeitung, 28. 10. 95) Wenn sie auch ganz unterschiedliche Akzente setzen, heben diese Deutungen doch jeweils zentrale Aspekte der Beziehung zwischen Michael Berg und Hanna Schmitz hervor. Tatsächlich sind Zufälligkeit und Heimlichkeit, Altersunterschied und sexuelle Abhängigkeit, Lust und Unterdrückung sowie ihr Gegenstück, die Unterwerfung, wichtige Merkmale dieser Liebesbeziehung.

Zufälligkeit der
Begegnung

Dass es dazu kommt, dass sich zwischen dem aus bildungsbürgerlicher Familie stammenden Michael und der um zwei Jahrzehnte älteren Straßenbahnschaffnerin Hanna eine leidenschaftliche Beziehung entwickeln kann, hängt zunächst mit einer Kette von Zufällen zusammen. Zufällig bricht Michael vor Hannas Haus zusammen und zufällig ist Hanna zur Stelle, um den geschwächten Jungen zu stützen und nach Hause zu bringen. Dass Michaels Mutter von der Existenz dieser unbekannten Helferin etwas erfährt, ist ebenso wenig zwingend wie ihr konventioneller Auftrag an den Sohn, sich mit einem Blumenstrauß zu bedanken. Dass sich Michael bei seinem ersten Besuch von Hannas Körper derart angezogen fühlt, dass sich schon da unter der Oberfläche alltäglicher Verrichtungen die Beziehung in hohem Grade erotisch auflädt, birgt auch Momente des Beliebigen in sich. Unter sozialen Aspekten haftet dieser Beziehung nichts Zwingendes an. Es gibt keine Phase des Kennenlernens, des Flirtens, der längeren Gespräche und des langsamen Näherkommens, wie es Michael später bei seiner Beziehung zu Sophie erlebt. Auch fehlt bei Hanna jegliche Einbettung in einen sozialen Kontext, in eine schützende Gruppe wie die einer Schulklasse. So ist die Beziehung zu Hanna schon zu Beginn eine aus allen sozialen Bindungen herausgehobene, isolierte Affäre, einzig gehalten durch eine jeweils unterschiedlich motivierte Anziehung. Dass sich Michael eigentlich erst in der Nacht nach der ersten Liebesbegegnung mit Hanna in sie verliebt, ist bezeichnend für die Kontextlosigkeit der Beziehung.

Fehlender sozialer Kontext

Für Michael ist diese Beziehung von den ersten Begegnungen an eine elementar körperliche. Wenn er Hanna im Bereich ihrer Wohnküche sich bewegen sieht, wenn sie beim Bügeln oder Anziehen ihrer Strümpfe wie zufällig erotische Perspektiven auf ihren Körper gewährt, schwankt Michael, dieser intimen Inszenierung zunächst nur aus Höflichkeit und aus Gehorsam gegenüber der Mutter ausgesetzt, zwischen erotischer Erregung, Scham und Verlegenheit. Rückblickend deutet Michael die Faszination,

Körperlichkeit der Beziehung

die Hanna auf ihn ausgeübt hat, als die „Weltvergessenheit" (S. 17), die Hannas Haltungen
und Bewegungen ausgestrahlt hätten und die in
ihm den verführerischen Wunsch geweckt habe,
„im Innern des Körpers die Welt zu vergessen"
(S. 18). Gegenüber dieser dominanten körperlichen Anziehung spielt der sprachliche Aus-

**Unterordnung der
Sprache**

tausch zunächst eine ganz untergeordnete Rolle.
Hannas direkte Rede beschränkt sich auf wenige
Anweisungen und kurze Verständigungssätze,
Michael kann sich an die Begrüßungssätze und
die Danksagung beim Überreichen des Blumen-
straußes nicht mehr entsinnen und stellt weiter
fest: „Ich erinnere mich auch nicht mehr, was wir
in der Küche geredet haben." (S. 13) Von dem
späteren Ritual des Vorlesens abgesehen, finden
anspruchsvolle Gespräche, die über die unmittelbare Absprache gemeinsamer Erlebnisse hi-
nausgehen, ebenso wenig statt wie ein klärendes
Nachdenken über ihre Beziehung. „Ich konnte
mit ihr nicht darüber reden" (S. 50) konstatiert
Michael, wenn es um die eigentlich notwendige
Klärung von Konflikten geht.

Hannas Dominanz

Nicht nur in der hohen Altersdifferenz und der
unterschiedlichen Lebenserfahrung, sondern
auch in der Konstellation der ersten Begegnungen gründet Hannas dominante Rolle. Hannas
Kontaktaufnahme mit Michael beginnt mit dem
Gestus der Hilfeleistung, Michaels erste bewusste Reaktion ist ein förmlicher Besuch des
Dankes. Für Hanna bleibt in dieser empfindli-
chen ersten Phase der Beziehung nicht viel mehr
zu tun, als genau zu beobachten und abzuwar-
ten. So durchschaut sie offensichtlich sehr
schnell die sexuelle Bedürftigkeit des Heran-
wachsenden und vermag die Sehnsucht nach der
Erfüllung seiner erotischen Träume zu erahnen.
Inwieweit dann hinter ihrer an Michael gerich-
teten Anweisung, aus dem Keller zwei Schütten
Kohlen hochzuholen und anschließend zu ba-
den, eine bewusste Inszenierung steht, bleibt im

**Bewusste
Erotisierung**

Unklaren. Tatsache ist, dass sie Michaels in der
bergenden Wärme des Bades aufkommende Er-

regung ausnutzt. Mit dem einleitenden Satz: „Darum bist du doch hier!" (S. 26) gibt sie Michael zu verstehen, dass sie seine geheimen Ziele kennt, dass sie mit ihnen einverstanden ist, dass sie falsche Scham und Drumherum-Reden erst gar nicht entstehen lassen will. So erleichtert sie Michael die Zuwendung zu ihrem Köper und bietet dem noch unerfahrenen Jungen eine geduldige Einweisung in die Sphäre der Erotik und Sexualität. Gleichzeitig gibt sie aber nicht zu erkennen, was eigentlich ihre Interessen an einer solchen Beziehung sind und schirmt sich in ihrer eigenen Triebdynamik weitgehend ab. Wenn sie schließlich Michaels Schrei mit ihrer Hand auf seinem Mund erstickt (vgl. S. 27), signalisiert sie ziemlich deutlich, dass sie auch die Grenzen seiner Emotionalität bestimmen will.

Aus tiefenpsychologischer Sicht ließe sich die Einladung, in Hannas Körper die Welt zu vergessen, als die regressive Verlockung deuten, in die unbeschwerte Ruhe des Mutterleibs zurückzukehren. Diese Deutung verweist darauf, dass Michael in dieser Lebensphase einen Fluchtpunkt, einen von der konflikthaltigen Außenwelt abgeschirmten Ort sucht. So schaffen sich denn auch Hanna und Michael eine eigene, von der Lebenswelt abgeschottete intime Welt, die sie durch Rituale stabilisieren. Ein solches Ordnung stiftendes Ritual besteht zunächst in der Reihenfolge „duschen, lieben und noch ein bißchen beieinanderliegen", wobei etwas verspätet noch das „Vorlesen" als Einleitung hinzukommt (vgl. S. 43). Auffallend ist, wie intensiv gerade Hanna mit dem Wasser, dem Medium der Reinigung und der Erneuerung, aber auch der Initiation (vgl. Köster, S. 73) umgeht, wie sie Michael in die gründliche und selbstbewusste Handhabung des Waschvorgangs einweist (vgl. S. 33). Das Vorlesen ist für Michael hingegen zunächst eine empfindliche Störung der Harmonie, eine Ablenkung vom Lieben und Beieinander-Liegen, so dass er froh ist, wenn er durch

Abschirmung von der Lebenswelt

Ausprägung des Rituals

den dann folgenden Waschvorgang seine Sinne wieder in der Körperlichkeit aufgehen lassen kann. Durch das Vorlesen kommt ein Stück Außenwelt in die Abgeschlossenheit der Beziehung, eine künstlerisch gestaltete zwar, aber eine, zu der Stellung genommen werden muss und die ablenkt. Am wohlsten fühlt sich Michael letztlich doch dann, wenn keine störenden Außengeräusche, keine trivialen Sinneseindrücke ihn vom ruhigen Genießen der Körperlichkeit abhalten: „Wenn sie auf mir eingeschlafen war, im Hof die Säge schwieg, die Amsel sang und von den Farben der Dinge in der Küche nur noch hellere und dunklere Grautöne blieben, war ich vollkommen glücklich." (S. 44) Nach der letzten, als besonders intensiv erlebten Liebesbegegnung mit Hanna taucht Michael denn auch, ehe er sich im Schwimmbad der Gruppe seiner Klassenkameraden und -kameradinnen wieder zuwenden kann, „in das chlorige, milchige Wasser und hatte kein Bedürfnis, wieder aufzutauchen." (S. 77)

Öffnungsversuche

Es ist abzusehen, dass eine solche, von allen lebensweltlichen Bezügen abgetrennte Beziehung kaum eine Zukunft hat. Andererseits führen Michaels Versuche, aus der Vertrautheit des von Hanna überwachten Rituals auszuscheren, zu Irritationen bis handfesten Auseinandersetzungen. Schon Michaels Frage nach Hannas Namen löst bei ihr Bestürzung aus (vgl. S. 34), die Erwähnung seiner laschen Arbeitshaltung in der Schule führt zu einem ernsthaften Konflikt (vgl. S. 36f.). Michaels Absicht, Hanna überraschend an ihrem Arbeitsplatz zu besuchen, scheitert gerade daran, dass er einen Teil der abgeschlossenen „Privatheit" (S. 45) mit hinüber nehmen will und deshalb, für Hanna unverständlich, in den zweiten Wagen der Straßenbahn einsteigt. Der anschließende Streit mit ihr endet zwar mit Michaels endgültiger Kapitulation, bringt ihm aber auch die Erkenntnis, dass das gewohnte Ritual einer Öffnung bedürfe: „So verstellt dieser erste Streit und überhaupt unser Streiten war", so stellt Michael rückblickend fest, „alles, was unser Ritual des Vorlesens, Duschens, Liebens und Beieinanderliegens öffnete, tat uns gut." (S. 51) Was Hanna und Michael nun gemeinsam unternehmen, ist allerdings keine Öffnung des Rituals in ihre soziale Welt, sondern in fremde oder verlassene Räume, in denen kein Risiko besteht, erkannt zu werden. Die mehrtägige Radtour in den Osterferien führt durch den abgeschiedenen Odenwald, das Abendessen in seinem Elternhaus arrangiert Michael dann, wenn er niemanden zu Hause weiß. Der gemeinsame Besuch von Schillers „Kabale und Liebe" erfolgt im Theater der Nachbarstadt. Hier kann Michael voller Stolz über seine Kühnheit den Arm um Hannas Taille legen, allerdings im Bewusstsein, „daß es mir im Theater meiner Heimatstadt nicht egal gewesen wäre" und mit der Frage: „Wußte sie es auch?" (S. 70)

Scheinbare Öffnung nach außen

Dass diese Liebesbeziehung gerade in der Phase erster Öffnungsversuche nach außen und deutlicher noch aus rückblickender Perspektive sadomasochistische Strukturen zu erkennen gibt, lässt sich kaum bestreiten. Wenn man Sadismus als ein Verhalten bezeichnet, bei dem „die Befriedigung an das dem andern zugefügte Leiden oder an dessen Demütigung gebunden ist" (Laplanche/Pontalis, S. 447), so ist Hannas Handeln sicherlich in einzelnen Situationen dem sadistischen Formenkreis zugehörig. Das dazu komplementäre Verhalten des Masochismus, bei dem „die Befriedigung an das Leiden oder an die Demütigung, die das Subjekt erduldet, geknüpft ist" (ebd., S. 304) oder bei dem im moralischen Sinne das Subjekt „aufgrund eines unbewußten Schuldgefühls sich in die Position des Opfers begibt" (ebd.) und sich erniedrigt, lässt sich zumindest tendenziell in Michaels Reaktionen nachweisen. Diese Strukturen treten besonders deutlich in jenem Streit zu Tage, der sich an Michaels missglückten Überraschungsbesuch in der Straßenbahn anschließt. Hanna insistiert vehement und unerbittlich auf ihrer Deutung,

Sadomasochistische Strukturen

grenzt sich barsch ab und verweist Michael aus ihrer Wohnung. Gleichzeitig hat sie aber schon alle Vorbereitungen zu ihrem gewohnten Ritual getroffen. Michael unterwirft sich ihrer Dominanz ganz rückhaltlos. Sein Geständnis, „gedankenlos, rücksichtslos, lieblos gehandelt" (S. 49) zu haben, steigert er schrittweise: „Ich verstand, daß sie gekränkt war. Ich verstand, daß sie nicht gekränkt war, weil ich sie nicht kränken konnte. Ich verstand, daß ich sie nicht kränken konnte, daß sie sich mein Verhalten aber einfach nicht bieten lassen durfte. Am Ende war ich glücklich, als sie zugab, daß ich sie verletzt hatte." (S. 49) Von da ab prägen Unterwerfungsrituale den täglichen Umgang, Michael gibt Fehler zu, die er nicht begangen hat, fleht, bettelt um Verzeihung und Liebe. Wenn er auch gelegentlich den Eindruck hat, Hanna leide selbst unter „ihrem Erkalten und Erstarren" und sehne sich nach der Wärme seiner „Entschuldigungen, Beteuerungen und Beschwörungen" (S. 50), sieht er doch keine Möglichkeit, sich aus diesen Zwängen zu befreien.

Zwar gibt es einige Anzeichen dafür, dass Michael Hannas „Machtspiel" (S. 49), ihre Neigung, über ihn zu „triumphieren" (vgl. S. 50) durchschaut und damit die Nähe ihrer Beziehung zu sadomasochistischen Ritualen erahnt, doch hindern ihn seine Unerfahrenheit und vor allem seine Abhängigkeit von Hanna daran, gegen diese Mechanismen zu revoltieren. Für Michael bedeutet die erfüllte Sexualität mit Hanna eine erfolgreiche Initiation in die Welt der Erwachsenen. Mit ihr gehen eine Befreiung aus der Bevormundung durch die Familie, ein wachsendes Selbstbewusstsein, eine Aura des Erfolgs, eine Sicherheit im Umgang mit den Klassenkameradinnen und -kameraden und ein jederzeit verfügbares Lusterleben einher. Durch ihre komplementäre Struktur von Unterdrückung und Unterwerfung und durch die völlige soziale Isolation der Beziehung entsteht bei Michael jedoch eine Prägung, die ihn zu künftigen

Beziehungen erst einmal unfähig macht. Auch als er bereits weiß, dass er mit Hanna eine NS-Verbrecherin geliebt hat, bleibt der sinnliche Eindruck, den die Berührung von Hannas Körper und die Skala ihrer Düfte in ihm erweckt haben, die Vergleichsgröße, mit der sich alle anderen Frauen messen lassen müssen.

Da Michael von Elternhaus und Kirche eine „moralische Erziehung" (S. 20) erhalten hat, kann er die Beziehung zu Hanna von Anfang an nicht ohne Schuldgefühle erleben. Bereits zwischen seinem ersten und zweiten Besuch bei Hanna, einer Zeit, wo er noch zu gesundheitlicher Schonung angehalten wird, plagt ihn ein schlechtes Gewissen. Die nun unwillkürlich entstehenden sexuellen Traumbilder empfindet er als nicht rechtens, für noch schlimmeres Unrecht sieht er es an, wenn er solche „Bilder und Szenen" nicht nur „passiv träumt", sondern auch „aktiv phantasiert" (vgl. S. 20). Nachdem sich Michael schließlich durch einen Sprung in die „sündige Tat" (S. 21) von seinen Gewissensqualen befreit hat, folgt eine Phase hochgestimmter Empfindungen, die Schuldgefühlen keinen Platz mehr lässt. Weder quält es ihn, seine Eltern zu belügen, noch belasten ihn die Diebstähle, die er für seine kleine Schwester und für Hanna begeht. Sigmund Freud erklärt solche Schwankungen in der Sensibilität des Gewissens mit dem jeweiligen Wohlbefinden des Individuums: „Solange es dem Menschen gut geht, ist auch sein Gewissen milde und läßt dem Ich allerlei angehen; wenn ihn ein Unglück getroffen hat, hält er Einkehr in sich, erkennt seine Sündhaftigkeit, steigert seine Gewissensansprüche, legt sich Enthaltungen auf und bestraft sich durch Bußen." (Freud, Unbehagen in der Kultur, S. 253)

Aber in dem Maße, in dem seine Klassenkameradinnen und -kameraden sich als soziale Gruppe konstituieren und für ihn an Anziehungskraft gewinnen, gerät Michael in einen Gewissens-

Michaels Umgang mit Gewissensnöten

Gewissenskonflikt durch Verheimlichen

konflikt. Als in moralischen Kategorien denkender Mensch spürt er in sich die Pflicht, sich gegenüber seinem gesellschaftlichen Umfeld zu der Beziehung zu Hanna bekennen zu müssen. Gleichzeitig weicht er einem solchen Bekenntnis aus, schiebt es so lange hinaus, bis er dafür den schicklichen Augenblick verpasst zu haben glaubt. Nur zu bewusst wird ihm sein, dass Hanna aufgrund ihres Alters, ihres Bildungsstands, ihrer ganz anderen Weltsicht und Interessenlage in Michaels Gleichaltrigengruppe nicht integrierbar ist. Sich offen zu einer Liebesbeziehung mit ihr zu bekennen würde Michaels Status in dieser Gruppe empfindlich berühren. Gerade die Person, der er seine frisch gewonnene Selbstsicherheit verdankt, das scheint er genau zu spüren, darf öffentlich nicht erscheinen.

"Verrat" an Hanna

Aufgrund seines rigiden moralischen Denkens betrachtet Michael sein Verhalten als einen "Verrat": "Ich habe verschwiegen, was ich hätte offenbaren müssen. Ich habe mich nicht zu ihr bekannt." (S. 72) Von seiner religiösen Bildung her könnte sich Michael hier an das biblische Vorbild des Petrus erinnert fühlen, der, noch ehe der Hahn krähte, seinen Herrn dreimal verleugnete, hinaus ging und bitterlich weinte (vgl. Matthäus 26, 69–75). Unter moralphilosophischer Sicht beurteilt Michael hier sein Verhalten nach der strengen Tugendlehre des Philosophen Kant, mit dem sich auch sein Vater intensiver befasst und über den er als Philosophieprofessor ein wissenschaftliches Buch geschrieben hat

Kants Tugendlehre

(vgl. S. 61). Nach Kant ist die "größte Verletzung der Pflicht des Menschen gegen sich selbst, bloß als moralisches Wesen betrachtet, [...] das Widerspiel der Wahrhaftigkeit: die Lüge" (Kant, S. 562). Als ein solcher Verstoß gegen die Pflicht zur Aufrichtigkeit, so macht Kant durch ein späteres Beispiel deutlich, sind auch das Verleugnen einer Person und erst recht ihr Verrat einzuordnen. Wer sich eines solchen schuldig macht, vernichtet seine Menschenwürde und zwar auch dann, wenn er eine gute Absicht damit verfolgt: „Es kann auch bloß Leichtsinn, oder gar Gutmütigkeit, die Ursache davon sein, ja selbst ein guter Zweck dadurch beabsichtigt werden, so ist doch die Art, ihm nachzugehen, durch die bloße Form ein Verbrechen des Menschen an seiner eigenen Person und eine Nichtswürdigkeit, die den Menschen in seinen eigenen Augen verächtlich machen muß." (Kant, S. 563) Michael, der in diesen moralischen Bahnen denkt, ist sich völlig bewusst, dass er keine nach außen tretende Pflichtwidrigkeit begeht, dass es für die Verwerflichkeit seines Verleugnens aber genügt, wenn er sich dessen genau bewusst ist (vgl. S. 72). Wenn er schließlich urteilt, ein solches Verleugnen entzöge seiner Beziehung zu Hanna den Boden (vgl. ebd.), so sieht er die Folgen seines Verhaltens ziemlich klar: Durch die vor sich selbst vollzogene Pflichtverletzung des Verleugnens werden auch die innere Nähe zur verleugneten Person und die Empfindungsweise ihr gegenüber beeinflusst.

Dass er seine Freundinnen und Freunde an seinem Leben teilnehmen lässt, die für ihn wichtigste Beziehung, zu Hanna, aber verschweigt, wird für Michael durch zwei Schlüsselsituationen zunehmend quälender. Zum einen deutet er in einem vertraulichen Gespräch mit Sophie zwar an, dass es in seinem Leben etwas gibt, was seine gelegentliche Distanz zu seinen Freunden erklären könnte, doch vertagt er ein offenes Reden darüber auf später (vgl. S. 74). Zum andern wirkt Hannas plötzliches Erscheinen im Schwimmbad, sein verzögertes, halbherziges Reagieren sowie Hannas Verschwinden fast schon traumatisierend. In der anschließenden Phase der intensiven Trauer, verbunden mit Nahrungsverweigerung und sozialer Isolation (vgl. S. 80), gerät Michael in eine Situation, die Freud als Zustand der Melancholie beschreibt. Sie zeichnet sich aus durch eine „tief schmerzliche Verstimmung, eine Aufhebung des Interesses für die Außenwelt, durch den Verlust der Liebesfähigkeit, durch die Hemmung jeder Leis-

Schuld- und Strafvorstellungen

tung und die Herabsetzung des Selbstgefühls, die sich in Selbstvorwürfen und Selbstbeschimpfungen äußert und bis zur wahnhaften Erwartung von Strafe steigert" (Freud, Trauer und Melancholie, S. 198). In einer solchen Situation scheint sich Michael zu befinden, wenn er Hannas Verlassen der Stadt als Reaktion auf seinen „Verrat" deutet und als Gewissheit formuliert: „Zur Strafe dafür war sie gegangen." (vgl. S. 80)

Liebe zu einer Verbrecherin als Schuld

Schließlich erhalten Michaels Schuldgefühle im Verlauf von Hannas Prozess eine neue Dimension. Konfrontiert wird er nun mit der Erkenntnis, dass Hannas Leben von ganz anderen Motiven bestimmt wurde als von denen, die er ihr bisher unterstellt hatte. Dennoch beharrt Michael auf seiner Schuld, wenn er sie auch nunmehr darin sieht, eine Verbrecherin geliebt zu haben. Damit hindert ihn Hanna ein zweites Mal daran, sich mit den Vertretern seiner Generation als Gleichgesinnter zu solidarisieren. Während die anderen Studenten mit „auftrumpfender Selbstgerechtigkeit" (vgl. S. 162) auf die Generation der Täter zeigen, glaubt Michael, auf Hanna zeigen zu müssen. „Aber der Fingerzeig auf Hanna wies auf mich zurück. Ich hatte sie geliebt. Ich hatte sie nicht nur geliebt, ich hatte sie gewählt." (S. 162) Michael kann seine rigiden moralischen Vorstellungen auch jetzt nicht abbauen, selbst wenn er sich vergegenwärtigt, dass er von Hannas Vergangenheit keine Kenntnis hatte. Wenn er versucht hat, etwas über Hannas Lebenswelt und ihre Vergangenheit zu erfahren, hat sie ihn mit wenigen ungenauen Informationen abgespeist (vgl. S. 40) oder sich hinter ritualisierten Ablenkungen verschanzt (vgl. S. 75). Es ist ihm nicht gelungen, von ihrem Leben mehr zu bekommen als den Platz, „den sie mir geben wollte" (S. 75). Dennoch bleibt bei Michael das Schuldgefühl zurück, mit einer Frau Intimität erlebt zu haben, ohne sie wirklich zu kennen.

Die Vergangenheit vor Gericht

Mit der überraschenden Feststellung „Ich sah Hanna im Gerichtssaal wieder" und dem lakonischen Zusatz „Es war nicht der erste KZ-Prozeß und keiner der großen" (S. 86) beginnt der Erzähler seinen Bericht über Hannas Gerichtsverhandlung. In der Tat ist dieser Prozess unter dem Aspekt der Öffentlichkeitswirksamkeit nicht herausragend, vom Ausmaß der begangenen Verbrechen her nicht der schockierendste und unter dem Aspekt der Zeitdauer keiner, der sich über Jahre hingezogen hätte. Doch fällt er, im Frühjahr 1966 begonnen, in eine Zeit, in der sich zunehmend ein geschärftes Bewusstsein für NS-Verbrechen in der Öffentlichkeit und vor allem in der studentischen Jugend entwickelt. Sehr deutlich beschreibt der Erzähler das Wir-Gefühl, das er und seine Kommilitonen bei der Aufarbeitung der Vergangenheit, der schuldhaften Verstrickung ihrer Elterngeneration entwickeln (vgl. S. 87f.).

Stellenwert von
Hannas Prozess

Als Hanna vor dem Schwurgericht steht, ist ein Teil der „großen" NS-Prozesse bereits abgeschlossen. Zu nennen wären hier zunächst die unmittelbar nach dem Krieg vor dem Internationalen Gerichtshof in Nürnberg gegen 24 prominente NS-Größen geführten Prozesse, die nach zehnmonatigen Verhandlungen mit Todesstrafen oder hohen Freiheitsstrafen und auch zwei Freisprüchen endeten. Hinzu kamen weitere Verfahren vor den Militärgerichtshöfen der einzelnen Besatzungsmächte. Was da an Kriegsverbrechen und Verbrechen gegen die Menschlichkeit aufgedeckt wurde, erschütterte zwar die Öffentlichkeit, ließ sich gleichzeitig aber auch nur allzu leicht beiseite schieben. Zum einen wurden in diesen „Nürnberger Prozessen" kriminelle Vergehen mit militärischen und politischen vermischt, so dass in der Öffentlichkeit der Eindruck entstehen konnte, hier werde willkürlich Rache genommen und eine „Siegerjustiz" praktiziert. Zum andern richtete man nach

Nürnberger
Prozesse

Abwehr durch die
Öffentlichkeit

einem dem „Londoner Abkommen über die Bestrafung der Hauptkriegsverbrecher der europäischen Achse" beigefügten Statut und später nach einem vom Kontrollrat der Alliierten eigens geschaffenen Gesetz zur „Bestrafung von Personen, die sich Kriegsverbrechen, Verbrechen gegen den Frieden oder gegen die Menschlichkeit schuldig gemacht haben" (vgl. Rückerl, S. 34), was den Alliierten den Vorwurf einbrachte, rückwirkend neues Recht geschaffen zu haben (vgl. Hey, S. 55). Denn ein fundamentaler Rechtsgrundsatz, im Artikel 103 des Grundgesetzes formuliert, besagt, dass eine Tat nur dann bestraft werden kann, wenn sie zum Zeitpunkt des Begehens auch unter Strafe gestanden hat.

Verfahren nach deutschem Recht

Mit Beginn der fünfziger Jahre konnten NS-Verbrechen von deutschen Gerichten auch nach den Vorschriften des deutschen Strafrechts verfolgt werden. Es erwies sich jedoch recht bald, dass das auf individualistische Straftaten ausgelegte deutsche Strafrecht, auf NS-Verbrechen angewendet, zu aufwendigen Verfahren führte. Da bei solchen Verbrechen meist mehrere Täter beteiligt waren, galt es, den individuellen Tatbeitrag des Einzelnen zu ermitteln, die genauen Tatumstände zu rekonstruieren und die genaue Einstellung des Täters zu seinem Verbrechen herauszufinden, was sich mit zunehmendem zeitlichen Abstand als schwierig erwies (vgl. Hey, S. 58f.). Dies zeigt die Zeugenvernehmung im Verlauf von Hannas Prozess eindrucksvoll.

Probleme der Ermittlung

Neben der Schwierigkeit, die individuelle Schuld angesichts sich widersprechender Zeugenaussagen und schwieriger Beweislage nach so langer Zeit noch auszumachen, nahm auch die Zahl der bei den Strafverfolgungsbehörden eingehenden Anzeigen von NS-Verbrechen mit Beginn der fünfziger Jahre ab. Viele der ehemaligen Lagerinsassen waren ins Ausland emigriert oder hatten sich inzwischen in der Bundesrepublik eine Existenz aufgebaut und zeigten an der Verfolgung zurückliegender Verbrechen kein Interesse mehr. Hier sorgten jedoch die Ereignisse des Jahres 1956 für eine Wende. Zum einen wurden in diesem Jahr Tausende deutscher Kriegsgefangener aus der Sowjetunion entlassen, unter ihnen sowohl Täter als auch Zeugen von im Osten begangenen NS-Verbrechen. Gleichzeitig war ein an Massenerschießungen von Juden beteiligter ehemaliger SS-Oberführer nur durch Zufall entdeckt und im „Ulmer-Einsatzgruppen-Prozeß" verurteilt worden. Deutlich bewusst wurde nun, dass überhaupt erst ein Bruchteil der im Osten begangenen NS-Verbrechen aufgedeckt und geahndet worden war (vgl. Rückerl, S. 49f.). Dies führte dazu, dass die Justizminister der Länder 1968 eine „Zentrale Stelle der Landesjustizverwaltungen zur Aufklärung nationalsozialistischer Verbrechen" in Ludwigsburg einrichteten. Aufgabe dieser Zentralen Stelle war es künftig, über aufzuklärende Straftaten Unterlagen zu sammeln, sie zu sichten, den Verbleib der Täter herauszufinden und die so vorbereiteten Fälle an die zuständigen Staatsanwaltschaften weiterzuleiten.

Einrichtung einer Zentralstelle

Die verstreichende Zeit und damit das Problem der Verjährung bereiteten der Verfolgung von NS-Verbrechen eine weitere Schwierigkeit. Nach dem deutschen Strafrecht waren mittelschwere Verbrechen, die mit einem Freiheitsentzug bis zu fünf Jahren geahndet werden, bereits 1950 verjährt. Schon ab 1960 konnten als „Totschlag" und als „Beihilfe zum Mord" zu qualifizierende Verbrechen nicht mehr verfolgt werden, wenn nicht zuvor durch eine juristische Intervention die Verjährungszeit verlängert worden war. Es drohte der 9. Mai 1965 als der Tag, an dem auch als Mord klassifizierbare Verbrechen verjährt gewesen wären. Dass dies nicht eintrat, hängt damit zusammen, dass die Zentrale Stelle in Ludwigsburg in der Zwischenzeit aus den Vereinigten Staaten, Kanada, Australien und Polen Dokumentenmaterial über NS-Morde gesammelt hatte, die bisher noch nicht strafrechtlich verfolgt worden waren. Gleichzeitig offenbarte der zwischen 1963 und 1965 geführte erste

Problem der Verjährung

große Auschwitz-Prozess in Frankfurt einer breiten Öffentlichkeit, mit welch einer Brutalität und Grausamkeit die ehemaligen KZ-Aufseher nichts anderes als „ihre Arbeit" (vgl. Renz, S. 41) gemacht haben. Vor diesem Hintergrund beschloss der Bundestag am 25. März 1965, die Zeit von 1945 bis 1949 auf die Verjährungszeit nicht anzurechnen, diese mithin bis 1969 zu verlängern. 1969 wurde schließlich die Verjährungsfrist für Mord auf 30 Jahre ausgedehnt.

Wenn also, wie in Hannas Fall, 1966 vor einem deutschen Schwurgericht ein NS-Prozess begonnen wurde, dann konnte die Anklage nur auf Mord oder Beihilfe zum Mord lauten und es drohte den Angeklagten eine lebenslange Freiheitsstrafe. Wie es nach der langen Zeit von mehr als zwanzig Jahren zu Hannas Entdeckung gekommen ist, erfahren wir nur in wenigen Andeutungen. Wohl ist bekannt, dass NS-Täter oft nur durch ein zufälliges Erkanntwerden, durch Auftauchen von Dokumenten und auch nicht selten durch Hinweise aus neu erschienener Literatur (vgl. Rückerl, S. 47) enttarnt wurden, bekannt ist auch, dass vor dem Hintergrund eines fehlenden zentralen Melderegisters die Identifikation von verdächtigen Personen Jahre in Anspruch nehmen konnte. Offensichtlich sind die Ermittlungen gegen Hanna Schmitz und vier weitere ehemalige Aufseherinnen durch

das in Amerika erschienene Buch einer Zeugin in Gang gekommen, die die Inhaftierung im Arbeitslager bei Krakau und den Bombenangriff auf die Kirche zusammen mit ihrer Mutter überlebt hat. Zwar wird Hanna in diesem Buch nicht namentlich genannt und ist auch nicht kenntlich (vgl. S. 115), doch wird erwähnt, dass die fünf Angeklagten und einige Zeugen durch staatsanwaltliche und polizeiliche Recherchen aufgespürt worden sind (vgl. S. 102). Als weiteres Dokument wird ein in den Akten der SS befindlicher Bericht über die Bombardierung der Kirche und das Verhalten der Aufseherinnen erwähnt (vgl. S. 119f.). Hannas Situation stellt sich von Anfang an als wenig günstig dar, weil sie in der Phase der Ermittlung weder auf ein Schreiben noch auf eine Vorladung reagiert hat und, da sie in der zurückliegenden Zeit ihren Wohnort auch häufig gewechselt hatte, in Haft genommen wurde.

Wenn Hanna und ihre Mitaufseherinnen des Mordes oder der Beihilfe zum Mord angeklagt werden, müssen auf sie die Bestimmungen des § 211 Strafgesetzbuch zutreffen. Sie definieren den Mörder als denjenigen, der „aus Mordlust, zur Befriedigung des Geschlechtstriebs, aus Habgier oder sonst aus niedrigen Beweggründen, heimtückisch oder grausam oder mit gemeingefährlichen Mitteln oder um eine andere Straftat zu ermöglichen oder zu verdecken, einen Menschen tötet" (zit. nach Rückerl, S. 43). Beihilfe zum Mord war in seinem Strafmaß dem Mord gleichgestellt, doch lag es im Ermessen des Gerichts, eine mildere, das heißt zeitlich begrenzte Freiheitsstrafe auszusprechen. Um nun die Verhandlungsführung des Vorsitzenden Richters einschätzen zu können, ist es wichtig zu wissen, dass bei der Behandlung von NS-Prozessen die Einschatzungen „heimtückisch" und „grausam" von großer Bedeutung waren, da sie den Straftatbestand des Mordes ausmachen und vom inzwischen verjährten Totschlag abgrenzten. So handelt beispielsweise jemand „heimtückisch", wenn er „die Arg- und Wehrlosigkeit seines Opfers ausnutzt" (Grabitz, S. 89). „Grausam" handelt, „wer seinem Opfer besonders starke Schmerzen oder Qualen körperlicher oder seelischer Art zufügt, wobei die Grausamkeit nicht notwendig in der Ausführungshandlung im engeren Sinne und den durch sie verursachten körperlichen Leiden liegen muß; sie kann sich auch aus den Umständen ergeben, unter denen die Tötung eingeleitet und vollzogen wird" (Bundesgerichtshof nach Grabitz, S. 88). So waren zum Beispiel die Umstände von Aussiedlungen mit dem Ziel der Vernichtung immer als „grausam" einzustufen, und wer

Der Mordparagraph

„Grausamkeit" und „Heimtücke"

77

dabei als Täter zu bezeichnen war, machte sich des Mordes schuldig.

Anklagepunkt Selektionen

Der erste Hauptanklagepunkt gegen Hanna und die weiteren Aufseherinnen bezieht sich auf die „Selektionen" (S. 102), die die Aufseherinnen im Arbeitslager jeden Monat vorzunehmen hatten. Von den rund zwölfhundert gefangenen Frauen mussten jeden Monat sechzig der gesundheitlich schwächsten und für eine Arbeit in der Fabrik nicht mehr einsetzbaren Häftlinge ausgesondert und nach Auschwitz in den Tod geschickt werden, um einer entsprechenden Zahl von Neuankömmlingen Platz zu machen. Während die Mitangeklagten eine Beteiligung an solchen Selektionen rundweg abstreiten, gibt Hanna ihre Teilnahme nicht nur bereitwillig zu, sondern erklärt den Auswahlprozess zu einer gemeinsam begangenen Handlung und beschuldigt damit auch die anderen Frauen. Hinzu kommt, dass sich Hanna in zwei von ihr nicht durchschaubaren Situationen schwer belastet.

Hannas Selbst-belastung

Zum einen antwortet sie auf die Frage des Richters, ob ihr bewusst gewesen sei, dass sie diese Gefangenen in den Tod schicke, mit dem Argument: „Doch, aber die neuen kamen, und die alten mußten Platz machen für die neuen." (S. 106) Ohne eine wie immer geartete menschliche Teilnahme zu zeigen, verweist sie hier, wie viele andere NS-Täter vor Gericht, auf Anweisungen und Sachzwänge. Damit macht sie es dem Richter nur zu leicht, ihre Täterschaft noch deutlicher herauszustellen. Mit der anschließend als Frage eingekleideten Unterstellung, Hanna habe also, weil sie Platz schaffen wollte, gesagt: „Du und du und du mußt zurückgeschickt und umgebracht werden" (S. 106), provoziert er sie schließlich zu der Gegenfrage: „Was hätten Sie denn gemacht?" (S. 107) Dadurch dass diese Unterstellung des Richters aber unwidersprochen im Raum bleibt, kann Hanna ein so genannter „einverständlicher Eifer" (vgl. Grabitz, S. 91) zugeschrieben werden, der darauf verweist, dass sie sich mit der Tat immer noch identifiziert. Michael Berg, in der Rolle des juristisch ausgebildeten Prozessbeobachters fixiert, durchschaut die Zusammenhänge und verweist darauf, wie leicht es gewesen wäre, die schwache Beweislage und die kaum noch rekonstruierbare „Aufgaben- und Befehlshierarchie" (S. 109) für die eigene Sache zu nutzen.

Belastung durch „Schützlinge"

Die andere für Hanna äußerst kritische Situation entsteht durch die vom Anwalt der anderen Angeklagten vorgebrachte, in eine Frage gekleidete Behauptung: „Stimmt es, daß Sie, Sie allein, im Lager Ihre Schützlinge hatten, junge Mädchen jeweils, eines für eine Weile und dann für eine Weile ein anderes?" (S. 111), an die er als weitere Frage anschließt: „Stimmt es auch, daß alle Ihre Schützlinge, wenn Sie ihrer überdrüssig waren, in den nächsten Transport nach Auschwitz kamen?" (S. 111) Die dadurch indirekt erhobenen Vorwürfe, Hanna habe die Zwangslage der jungen Frauen für erotische Spiele mit sadistischem Ausgang ausgenutzt, werden zwar abgemildert durch den Bericht der amerikanischen Zeugin, Hanna habe sich von den Mädchen nur allabendlich vorlesen lassen. Dennoch lässt sich Hannas Verhalten von einem ihr nicht wohlgesonnenen Richter als besonders heimtückisch deuten, da sie durch ihr Verhalten auch noch eine vertrauliche Beziehung zu dem späteren Opfer aufbaut. Dies ist denn auch eine Situation, in der sich Michael Berg nur mühselig beherrschen kann und Hannas Anwalt innerlich beschwört, entlastend einzugreifen. Michael deutet Hannas Verhalten vielmehr als Akt der Menschlichkeit. Hanna habe die „schwachen und zarten Mädchen" gewählt, weil sie die Arbeit beim Wiederaufbau der Fabrik ohnehin nicht überlebt hätten und weil sie ihnen „den letzten Monat erträglich machen wollte." (S. 113) Diese Sichtweise wird allerdings nicht die des Gerichts.

Anklagepunkt Bombennacht

Der zweite Hauptanklagepunkt gegen Hanna und die vier Mitangeklagten betrifft ihr Verhalten beim Bombenangriff auf die Kirche, in der die ihnen anvertrauten Häftlinge für eine Nacht untergebracht waren. Wie viele der Konzentrations- und Arbeitslager wurde auch das Arbeitslager bei Krakau beim Herannahen der alliierten Truppen evakuiert und Wachmannschaften wie Aufseherinnen flüchteten mit den Gefangenen in so genannten Todesmärschen nach Westen.

Die Todesmärsche Die Gefangenen waren meist äußerst geschwächt, mit Kleidung und Schuhwerk mangelhaft ausgerüstet, unterernährt und den langen, auch nächtlichen Fußmärschen nicht mehr gewachsen, so dass nur wenige die Strapazen durchhielten. Überdies waren Termine und Ziele von den militärischen Entwicklungen abhängig (vgl. Blatmann, S. 1065ff.), unkontrollierte Übergriffe auf die Gefangenen und Massenmorde waren die Auswirkungen einer auf der Flucht vollends zerfallenden Ordnung. Die amerikanische Zeugin berichtet über ihren Aufbruch nach Westen, es habe sich nicht um einen „Todesmarsch", sondern eher um einen „Todestrab", um einen „Todesgalopp" (vgl. S. 116) gehandelt und nach einer Woche sei fast die Hälfte der Frauen tot gewesen. In ihrer letzten Nacht schliefen die noch verbliebenen gefangenen Frauen, sich in Sicherheit wiegend, in einer Kirche, als durch einen Bombeneinschlag das Kirchendach in Brand geriet und, da die Türen verschlossen waren, alle Gefangenen bis auf die amerikanische Zeugin und ihre Mutter in den Flammen umkamen.

Kompetenzkonflikte und Intrigen Bei einer ersten Befragung des Vorsitzenden Richters, warum die Aufseherinnen die Kirche nicht hätten aufschließen können, flüchten sich die Angeklagten in unterschiedliche Ausreden (vgl. S. 119). Als der Vorsitzende schließlich auf den in den Akten der SS gefundenen Bericht Bezug nimmt, entsteht eine aus vielen NS-Prozessen bereits bekannte Situation. Wo man eine straffe Organisation vermutet hätte, kommen chaotische Verhältnisse zum Vorschein, „vorwiegend geprägt durch Kompetenzkonflikte, persönliche Intrigen, Eifersüchteleien; Machtbesessenheit, Haß, Mißtrauen und nicht zuletzt schlichte Unfähigkeit" (Rückerl in Weber/Steinbach, S. 72). Da der Bericht die Deutung nahe legt, dass die Aufseherinnen gegen den Brand in der Kirche nichts unternommen und die Türen geschlossen gelassen hätten, erklären die Angeklagten ihn nicht nur in allen Punkten für falsch, sondern als eine bewusste Verfälschung der Tatsachen, von Hanna geschrieben, um ihre eigene Schuld zu vertuschen.

Somit muss sich Hanna den weiteren Fragen des Vorsitzenden stellen. Sie tut sich schwer, ihr damaliges Verhalten in für sie stimmige Worte zu fassen und zu erläutern, immer wieder sieht sich der Vorsitzende Richter veranlasst nachzufragen. Zunächst gesteht sie eine nur zu verständliche Hilflosigkeit angesichts einer kaum überschaubaren Situation. Die Wachmannschaften und ein Teil der Aufseherinnen hatten sich mit einigen Verwundeten abgesetzt, Hanna und der Rest der Aufseherinnen empfanden sich als allein gelassen mit den Gefangenen in der brennenden Kirche. „Wie hätten wir die vielen Frauen bewachen sollen?" fragt sie in dieser Situation und präzisiert: „Wie hätten wir da noch mal Ordnung reinbringen sollen?" Später ergänzt sie: „Wir hätten sie doch nicht einfach fliehen lassen können! Wir waren doch dafür verantwortlich..." (S. 122). „Ordnung" und „Verantwortung" sind die Schlüsselbegriffe, unter die Hanna ihr damaliges Verhalten zusammenfasst. Wie viele NS-Täter lässt auch Hanna in der Begründung ihres damaligen Handelns das Bestreben erkennen, „sich konform zu verhalten, nicht aufzufallen und Unannehmlichkeiten zu vermeiden" (Hey in Weber/Steinbach, S. 63). „Lauter pflichtbewusste Leute", diesen Titel gibt Ulrich Renz seinem Buch über „Szenen aus NS-Prozessen" und verweist damit auf ein Täterprofil, dem in dieser Szene auch Hanna nahe kommt. Eingebunden in eine Befehlshierarchie, füllt sie die ihr übertragenen

Hannas Hilflosigkeit

„Ordnung" und „Verantwortung"

Aufgaben pflichtbewusst aus. Dass sie dabei den Tod von Hunderten von Frauen hinnimmt, scheint ihr entweder nicht in den Sinn zu kommen oder wird von ihr als der Preis für die Ordnung gebilligt. Dies ist sicherlich eine Situation, in der Hannas Gefühllosigkeit und Brutalität erschreckend deutlich werden.

Problem der Zeugen

Andererseits wäre es für Hanna und ihre Verteidigung nicht schwer gewesen, dem Prozess, der sich in weiten Teilen auf Zeugenaussagen und Hannas eigene Schilderungen stützt, eine andere Wendung zu geben. So formuliert ein in der Ermittlung von NS-Verbrechen erfahrener Staatsanwalt: „Den absolut objektiven, d. h. den sachlichen, unabhängigen und vorurteilslosen Zeugen, der mit voll tauglichen Sinnen einen Vorgang wahrnimmt, in seinem Gedächtnis speichert und ihn schließlich auch noch nach langer Zeit fehlerfrei und wertungsfrei wiedergeben kann, gibt es nicht." (Rückerl in Weber/Steinbach, S. 78) Überdies mussten in Hannas Fall die Zeugen aus dem Dorf auch noch darauf achten, sich nicht selbst zu verstricken und zu belasten. Da Zeugen auch nicht wissen können, welche von ihnen zur Tatzeit vielleicht übersehenen Details in der späteren Verhandlung prozessentscheidende Bedeutung bekommen können, hätte Hannas Verteidiger mit einer genaueren Befragung der Zeugen seiner Mandantin zu einem günstigeren Prozessverlauf verhelfen können.

Problematik des Urteils

In erster Linie ist es jedoch Hanna selbst, die sich durch ihr Verhalten im Verlauf der Verhandlung in die Rolle der Hauptschuldigen drängen lässt. Einerseits gehört sie nicht zu dem Angeklagtentypus, der alles bestreitet, umdeutet, andere beschuldigt oder sich nicht mehr erinnern kann, um sich schließlich als Märtyrer der Gewalt zu beugen. Andererseits fehlt ihr auch jegliche Schuldeinsicht, Reue und Sühnebereitschaft. „Sie verfolgte nicht ihr Interesse", so deutet Michael Berg ihr Verhalten, „sondern kämpfte um ihre Wahrheit, ihre Gerechtigkeit." (S. 128) Dass Hanna schwere Schuld auf sich geladen hat und im juristischen Sinne auch schuldig ist, steht sicherlich außer Frage. Dass aber das auf „lebenslänglich" erkennende Urteil und der ganze Verlauf des Verfahrens ihrer tatsächlichen Schuld und ihrer Person nicht gerecht werden, ist ebenso fraglos. Sicherlich hat sich Hanna durch ihre stolze, unbeugsame Haltung, durch ihr fehlendes juristisches und strategisches Wissen, durch das unflexible Insistieren auf ihrer eigenen Sicht der Dinge und schließlich durch das konsequente Kaschieren ihres Analphabetismus den Unwillen des Gerichts und der Mitangeklagten zugezogen und sich damit in eine schwierige, für sie heillose Lage gebracht. Hannas Verhandlung macht aber gleichzeitig auch deutlich, wo die Grenzen einer juristischen Aufarbeitung der NS-Vergangenheit liegen. Nicht nur die Hilflosigkeit der Angeklagten zeigt sich hier in ihrer ganzen Tragweite, sondern auch die Unzulänglichkeit des Justizapparats, der auf die Lösung außergewöhnlicher menschlicher Problemfälle nicht vorbereitet ist.

Grenzen der Justiz

Analphabetismus und Unmündigkeit

Kurz nachdem Hanna unter dem Druck einer drohenden Handschriftenprobe zugibt, den Bericht über den Flammentod der gefangenen Frauen selbst geschrieben zu haben, entdeckt Michael, weitab vom Prozessort, in der Einsamkeit eines Waldweges, Hannas gut gehütetes Geheimnis: „Hanna konnte nicht lesen und schreiben." (S. 126) Hier erfährt das Romangeschehen erneut eine überraschende Wende. Zahllose Situationen ihres früheren Zusammenseins und des Prozessverlaufs beginnt Michael rückblickend neu zu deuten, viele von Hannas eigenwilligen Reaktionen erhalten für ihn nun ein Motiv und eine Zielrichtung. Aber gleichzeitig stellen sich auch neue Fragen: „Aus Angst

Michaels Entdeckung

vor der Bloßstellung als Analphabetin die Bloßstellung als Verbrecherin? Aus Angst vor der Bloßstellung als Analphabetin das Verbrechen?" (S. 127) Und schließlich muss Michael die für die Bemessung von Hannas Schuld wichtige Entscheidung treffen, ob er seine Entdeckung für sich behalten oder zu Hannas Entlastung öffentlich machen muss.

Schwierigkeiten des Erfassens von Analphabetismus

So unerwartet Michaels plötzliche Entdeckung auch kommen, so konstruiert sie den Leser auch anmuten mag, ganz unwahrscheinlich ist Hannas Lese- und Schreibunfähigkeit nicht. Zwar lässt sich über den Stand der Alphabetisierung in Deutschland zur Zeit von Hannas Jugend wenig sagen, doch können auf der Basis von heutigen Schätzungen und Erfahrungen rückblickend zumindest einige, wenn auch grobe Einsichten formuliert werden. Dass wir auch heute, wenn es um die Zahl der Analphabeten in unserer Gesellschaft geht, weitgehend auf Schätzungen angewiesen sind, hängt zunächst, wie es der Roman am Beispiel von Hannas Lebensgestaltung detailgetreu dokumentiert, mit der Neigung der Analphabeten zusammen, ihre Defizite in der Beherrschung einer ganz zentralen gesellschaftlichen Norm mit allen Mitteln zu kaschieren (vgl. Hoffmann u.a., S. 60). Sie hängen ferner aber auch mit den methodischen Schwierigkeiten zusammen, die sich einer genaueren Eingrenzung und Differenzierung des Begriffs „Analphabetismus" entgegenstellen. So bestimmen neuere Studien diesen Begriff nicht in Abhängigkeit von einem individuellen Lese- und Schreibvermögen, sondern im Hinblick auf die in einer bestimmten Gesellschaft und in einer konkreten historischen Situation notwendigen Fertigkeiten. Wer demnach den schriftsprachlichen Anforderungen, die zur Bewältigung alltäglicher Aufgaben in allen Arbeits- und Lebensbereichen nötig sind, nicht entsprechen kann, wird als „funktionaler Analphabet" bezeichnet. Der Begriff „totaler Analphabet" wird auf die kleinere Gruppe derer

Totaler und funktionaler Analphabetismus

angewendet, die mit keinerlei Schriftzeichen
vertraut sind. Jüngste Erfahrungen aus der
Erwachsenenbildung differenzieren dieses Bild
weiter und zeigen, „dass es nur eine kleine
Gruppe von Menschen gibt, die zu den totalen
Analphabeten gehören, eine etwas größere, die
mit ihrer Unterschrift unterzeichnen kann,
schon mehr, die leichte Texte lesen können, noch
eine größere Gruppe, die mit dem Lesen ganz gut
zurechtkommt, aber gravierende Schreibproble-
me hat" (Döbert/Hubertus, S. 22).

Wenn die Deutsche UNESCO-Kommission im
Jahre 1990 den Anteil der funktionalen Analphabeten unter der deutschen Bevölkerung
über 15 Jahren auf 0,75 bis 3% Prozent schätzt
und absolute, allerdings umstrittene Zahlen
zwischen fünfhunderttausend und drei Millionen Bundesbürger nennt, nach der Wende von
einer Zahl von vier Millionen ausgegangen wird
(vgl. Döbert/Hubertus, S. 27 u. 29), so gewinnt
das Ausmaß des kaschierten Analphabetismus
zumindest grobe Konturen. Abgesehen davon,
dass für Hannas Generation, die Ende der
zwanziger und Anfang der dreißiger Jahre eine
wie auch immer geartete Bildung erhalten haben
mag, ohnedies eine erheblich höhere Analpha-
betenrate angenommen werden kann, deutet
alles darauf hin, dass Hanna zudem unter
ungünstigen äußeren Ausbildungsbedingungen
aufgewachsen ist. Ihre Angabe vor Gericht, sie
sei „bei Hermannstadt" (S. 91) geboren, lässt
eine ländliche Umgebung im weitgehend agrarisch strukturierten Siebenbürgen vermuten. Die
evangelisch-lutherische Kirche, bis dahin Trä-
gerin eines ausgebauten deutschsprachigen
Schulwesens in Rumänien, muss im Verlauf der
zwanziger Jahre hohe ökonomische Einbußen
hinnehmen und die deutschsprachigen Schulen
werden in ihrer Eigenständigkeit stark einge-
schränkt (vgl. Gündisch, Kap. 6). Gleichzeitig
finden sich gerade in agrarisch strukturierten
Gegenden ideale Nischen, in denen Analphabeten „als Landarbeiter in kleinen bäuerlichen

**Verbreitung des
Analphabetismus**

**Hannas
Bildungschancen**

Betrieben, als Hilfskräfte bei kleinen Handwerksbetrieben im bekannten Stadtteil", eingebunden in familiäre Bezüge, gestützt durch „die letzten Formen des Vorlesens und des stellvertretenden Schreibens" (Döbert/Hubertus, S. 18) noch unauffällig an der Schriftkultur teilnehmen konnten, ohne die Schrift selbst lernen zu müssen. Ob Hanna in einem solchen sozialen Kontext das Bedürfnis entwickelte und die Möglichkeit hatte, sich den Mühen des Schriftsprachenerwerbs zu unterziehen, ist zumindest fraglich.

Überlebensstrategien von Analphabeten

Indessen ist in unserer Kultur kaum umstritten, dass das Beherrschen der Schriftsprachlichkeit als „Ausweis von Intelligenz und allgemeiner Bildungsfähigkeit" gilt: „Wer diese Norm nicht sicher beherrscht, tut gut daran, seine Unfähigkeit zu verbergen" (Giese nach Hoffmann u. a., S. 60). Diese schroffe Sichtweise kann deutlich machen, unter welch hohem psychischen Druck Analphabeten in unserem Kulturbereich stehen. Um ihr Defizit nicht offenbar werden zu lassen und sich gesellschaftlich nicht zu deklassieren, müssen sie einen beträchtlichen Teil ihrer Energie in die Inszenierung von Überlebensstrategien investieren. Dazu zählt zum einen die Vermeidung von „schriftsprachlichen Anforderungssituationen" (vgl. Döbert/Hubertus, S. 70f.) und das bedeutet die sorgfältige Überprüfung anstehender sozialer Situationen auf die erwartbaren Anforderungen hin. Berufliche Beförderungsangebote, ein Problem, vor das sich Hanna mehrfach gestellt sieht, werden abgelehnt, wenn eine intensivere Konfrontation mit Schriftsprachlichkeit damit verbunden ist. Dazu gehört weiterhin die Delegation von Lese- und Schreibaufgaben an vertraute Personen und schließlich die Täuschung, das ausweichende Reagieren auf eine plötzlich entstehende Anforderungssituation, beispielsweise das Betrachten einer Speisekarte, bis ein anderer ein Gericht bestellt und man sich der Bestellung anschließen kann.

Solange sich Hanna und Michael von ihrer jeweiligen Lebenswelt abschließen und ausschließlich ihrem Ritual hingeben, ist für Hanna die Gefahr, als Analphabetin erkannt zu werden, noch recht gering. Dass Hanna seinen Namen nicht kennt, obgleich Michael die mit Namensetiketten versehenen Hefte und Bücher immer auf ihren Küchentisch legt, irritiert ihn zwar, doch interpretiert er ihr Verhalten als Achtlosigkeit (vgl. S. 35). Das von Hanna vorgeschlagene Ritual des Vorlesens, eine klassische Form des Delegierens, begründet sie mit Michaels schöner Stimme und damit, dass sie lieber zuhöre als lese (vgl. S. 43). Wenn die langen Briefe, die Michael Hanna anfangs nach einem Streit noch schreibt, keine Reaktionen hervorrufen, mag dies mit Hannas Herrschaftsverhalten zu erklären sein (vgl. S. 50). Schwieriger wird für Hanna die Kaschierung ihres Analphabetismus, als auf der Fahrradtour in den Odenwald schlechter antizipierbare Situationen auf sie zukommen. Zunächst kann sie sich noch mit der Strategie des Delegierens recht gut behelfen: Sie lässt Michael allein auf der Landkarte die Route bestimmen, indem sie ihm schmeichelt. „Ich bin jetzt zu aufgeregt. Du machst das schon richtig, Jungchen." (S. 52), lässt ihn im Gasthof das Essen aussuchen mit dem Argument: „Ich mag's, mich mal um nichts zu kümmern." (S. 54) Auch den Meldezettel füllt Michael für sie aus, wobei sie selbst allerdings unterschreibt und damit zu erkennen gibt, dass sie immerhin signierfähig ist (vgl. S. 54).

Dann aber kommt es zu jener Schlüsselsituation, in der Hanna ihr Geheimnis zwar noch bewahren kann, ihre Beherrschung aber weitgehend verliert. Michael hat ihr im Gasthof morgens einen Zettel hinterlassen: „Guten Morgen! Hole Frühstück, bin gleich wieder zurück." (S. 54) Dass Hanna die einfache Information dieses Zettels offensichtlich nicht aufnehmen kann und Michael mit zügelloser Wut den Ledergürtel durchs Gesicht schlägt, zeigt das Ausmaß ihres

Analphabetismus und ihrer Betroffenheit. Hier flüchtet sie sich in die Strategie der Täuschung, gibt an, nie einen solchen Zettel gesehen zu haben, und hat das Beweisstück möglicherweise auch vernichtet. Eine Schlüsselsituation ist diese Szene insofern, als der Ich-Erzähler gerade an dieser Stelle sein damaliges Verhalten hinterfragt: „Hätte ich weitersuchen sollen, nach dem Zettel, nach der Ursache von Hannas Wut, nach der Ursache meiner Hilflosigkeit?" (S. 56) Deutlich spürbar ist das Unbehagen des Ich-Erzählers, der überdenkt, ob er damals nicht durch ein stärkeres Insistieren auf seiner Sichtweise und die Wahrung seiner Autonomie den von Hanna versteckten Aspekten ihrer Persönlichkeit auf die Spur gekommen wäre.

Analphabetismus als Beziehungsstörung

Im ersten Teil des Romans entwickelt sich Hannas Analphabetismus schrittweise zu einer geheimen Thematik, über die nicht gesprochen wird, die aber die Beziehung zwischen Michael und Hanna nachhaltig prägt. Als Hannas geheimes Motiv dafür, die Beziehung abzuschotten und zu ritualisieren, bleibt der Analphabetismus für Michael zwar verborgen, aber doch eine Quelle zunehmender Irritationen. Michael erlebt Hannas Unberechenbarkeit, den abrupten Wechsel von Anlehnungsbedürfnis und schroffem Dominanzverhalten als undurchsichtig. Als klug und gebildet, aber lebensunerfahren und emotional abhängig, ist er Hannas Launenhaftigkeit hilflos ausgeliefert. Im zweiten Romanteil, mit Beginn von Hannas Prozess, erhält die Thematik des Analphabetismus darüber hinaus eine zentrale moralisch-politische Dimension auf unterschiedlichen Ebenen.

Analphabetismus als Strafverschärfung

Auf der Ebene der juristischen Auseinandersetzung mit den von Hanna begangenen Verbrechen mindert der Analphabetismus bereits im Vorfeld der Hauptverhandlung ihre Chancen auf einen fairen, sachlichen Prozess. Da Hanna auf alle Schreiben und Vorladungen nicht reagiert und weder vor der Polizei noch vor dem Staatsanwalt oder Richter erscheint, wird sie wegen Fluchtgefahr in Haft genommen und auch auf die Intervention ihres Anwalts hin nicht freigelassen (vgl. S. 94). Zu ihrem Anwalt kann sie, da er sie wahrscheinlich mit Schriftsätzen unterschiedlichster Art konfrontieren würde, keine vertrauensvolle Beziehung aufbauen, ohne nicht ihre Lese- und Schreibunfähigkeit einzugestehen. Alle im Vorfeld ausgetauschten Dokumente, das Buchmanuskript der Zeugin, die Anklageschrift, Vernehmungsprotokolle vermag sie ohne einen Vorleser nicht aufzunehmen. Das führt dazu, dass sie Schriftstücke unterschreibt, mit deren Inhalt sie eigentlich nicht einverstanden sein dürfte (vgl. S. 104f.) und gegen deren Darstellungen sie sich im Verlauf des Prozesses dann auch wehren muss. Schließlich entsteht die für Hanna bedrohlichste Situation durch den Vorschlag eines Staatsanwalts, ihre Handschrift von einem Sachverständigen daraufhin untersuchen zu lassen, ob sie, wie ihre Mitangeklagten behaupten, den belastenden Bericht aus den Akten der SS eigenhändig verfasst habe. Nachdem Hanna in ihrem bisherigen Leben einen beträchtlichen Teil ihrer Energien darauf verwandt hat, ihren Analphabetismus zu verbergen, entscheidet sie sich auch in dieser Situation gegen den juristischen Vorteil und für die Wahrung ihrer Würde. Dass sich Hanna in diesem Prozess als uninformiert, sozial isoliert, widersprüchlich, unberechenbar und strategisch unklug darstellen muss, ist der Preis, den sie für die Bewahrung ihres Geheimnisses zahlen muss.

Als noch gravierender aber wirkt sich Hannas Analphabetismus auf die Bewertung ihrer Schuld und ihrer Verantwortlichkeit aus. Einerseits wird Hannas juristische Schuld als Folge ihrer Strategie, eine Bloßstellung als Analphabetin unter allen Umständen zu vermeiden, mit einer lebenslangen Freiheitsstrafe unangemessen hart geahndet. Andererseits führt die Berücksichtigung von Hannas Analphabetismus auch dazu, ihre moralische Schuld zu relativie-

Relativierung der Schuld

ren. Der Ich-Erzähler selbst legt im dritten Teil des Romans die gedankliche Spur zu einer solchen Deutung. Mit seiner Einschätzung, Hanna habe mit ihrer späten Alphabetisierung den Mut bewiesen, den „aufklärerischen Schritt" aus der „Unmündigkeit zur Mündigkeit" (S. 178) zu vollziehen, nimmt der Ich-Erzähler sehr deutlich auf Immanuel Kants Schrift „Beantwortung der Frage: Was ist Aufklärung?" Bezug. „Aufklärung", so definiert Kant, „ist der Ausgang des Menschen aus seiner selbst verschuldeten Unmündigkeit. Unmündigkeit ist das Unvermögen, sich seines Verstandes ohne Leitung eines anderen zu bedienen. Selbstverschuldet ist diese Unmündigkeit, wenn die Ursache derselben nicht am Mangel des Verstandes, sondern der Entschließung und des Mutes liegt, sich seiner ohne Leitung eines andern zu bedienen." (Kant, Bd. VI, S. 53) Mit diesem impliziten Verweis auf Kant deutet der Erzähler Hannas bisherige Existenz als ein Leben in der Unmündigkeit, ein Leben ohne Selbstbestimmung und Selbstverantwortung.

In der Tat ist Hannas Leben, insoweit es im Roman thematisiert wird, von Fremdbestimmung und Zwängen beherrscht. Bereits ihre Entscheidung, ihren Arbeitsplatz bei Siemens in Berlin aufzugeben, weist typische Merkmale eines Ausweichverhaltens auf. Weil ein ihr angebotener besserer Arbeitsplatz offenbar mit höheren schriftsprachlichen Anforderungen verbunden gewesen wäre, lässt sie sich von der SS als Lageraufseherin anwerben. Keine ideologische Überzeugung steht hinter der Entscheidung, sie ist nur als Flucht vor einer drohenden Enttarnung als Analphabetin zu deuten. Was man dann in den Vernehmungen über ihre Einstellung zu ihrer Arbeit erfährt, lässt kaum einen Ansatz zu selbstverantwortlichem Handeln erkennen. Befragt nach den Selektionsprozessen, mit denen sie jeden Monat sechzig Gefangene nach Auschwitz in den Tod geschickt hat, beruft sie sich auf Sachzwänge (vgl. S. 106)

Kants Definition der Aufkärung

Leben in Unmündigkeit

und zeigt für die moralische Problematik ihres Handelns keinerlei Gespür. Als sie sich zu ihrem Verhalten beim Brand der Kirche äußern muss, offenbart sich ihre tiefe Hilflosigkeit in einer Situation, für die es keine klaren Dienstanweisungen geben kann. Ordnung und Verantwortlichkeit sind die Leitbegriffe, an denen sich Hanna orientiert. Ihre Unselbstständigkeit des Denkens geht sogar so weit, dass sie auch jetzt, rund zwanzig Jahre nach den Ereignissen, für eine solche Situation keine Lösung weiß und den Vorsitzenden Richter als höhere Instanz mehrmals danach befragt, wie *er* sich denn verhalten hätte (vgl. S. 107, 123). Dass dies echte Fragen sind, daran ist kaum zu zweifeln. Hanna möchte selbst jetzt noch die von oben kommende Lösung ihres damaligen Dilemmas, die nachträgliche Dienstanweisung aus berufenem Munde.

Nach der Klassifikation des amerikanischen Psychologen Lawrence Kohlberg, der die Entwicklung der moralischen Urteilsfähigkeit beim Menschen in sechs Stufen gliedert, wären Hannas Einlassungen vor Gericht allenfalls den ersten vier Stufen zuzuordnen. Auf einer ersten Stufe orientiert sich nach Kohlberg das Handeln „an Bestrafung und Gehorsam", an der „Vermeidung von Schwierigkeiten" und der „objektiven Verantwortlichkeit" (Kohlberg, S. 60). Noch auf der vierten Stufe richtet sich das menschliche Handeln an der „Aufrechterhaltung von Autorität und sozialer Ordnung" aus, am Bestreben, „seine Pflicht zu tun" und „die soziale Ordnung um ihrer selbst willen einzuhalten" (Kohlberg, S. 60). Das genau sind die Denkmuster, innerhalb derer sich Hannas Verhalten bewegt. Ein ausgeprägtes moralisches Bewusstsein auf höchster Stufe bestimmt Kohlberg als „Orientierung an Gewissen oder Prinzipien. Orientierung nicht nur an zugewiesenen sozialen Rollen, sondern auch an Prinzipien der Entscheidung, die an logische Universalität und Konsistenz appellieren. Orientierung am Gewissen als leitendes Agens und an gegenseitigem

Respekt und Vertrauen" (Kohlberg, S. 61). Weder eine Orientierung an moralischen Prinzipien noch am Gewissen als verantwortlicher Instanz lassen Hannas Worte vor Gericht erkennen, Respekt und Vertrauen bestimmen in keiner Situation ihren Umgang mit Michael oder ihr Verhalten vor Gericht. Woran Hanna ihr Verhalten hingegen orientiert, ist ein rigider Arbeits- und Pflichtbegriff, den sie auch im Umgang mit dem jungen Michael noch ungebrochen und aggressiv vertritt.

„Selbstverschuldete Unmündigkeit"

Inwieweit Hannas Unmündigkeit selbstverschuldet ist, ist eine Frage der Interpretation. Deutet man die Unmündigkeit im Sinne Kants als Folge eines Mangels an „Entschließung" und „Mut", sich des eigenen Verstands selbstständig zu bedienen, müsste man auch Hanna für ihre Lese- und Schreibunfähigkeit selbst verantwortlich machen. Wie auch immer die Bedingungen ihrer schulischen Sozialisation ausgesehen haben mögen, sie hatte nicht die nötige Energie und das Selbstbewusstsein, die schriftsprachliche Bildung zu erwerben, die ihr vielleicht von den dafür zuständigen Institutionen nicht angeboten wurde. Erst in dem engen sozialen Raum des Gefängnisses ist es Hanna schließlich gelungen, die sie jahrzehntelang belastende Angst „vor Demütigung und Bloßstellung, vor dem Verlust sozialer Integration und Anerkennung" (Döbert/Hubertus, S. 70) zu überwinden. Die Mühsal dieses späten oder vielleicht sogar „zu späten" (vgl. S. 178) Alphabetisierungsprozesses spiegelt sich noch in ihrem Schriftbild wider, das gewaltsam und gezwungen wirkt.

Analphabetismus als Irritation

Dass Bernhard Schlink durch die Thematik des Analphabetismus Hannas Schuld an ihren Verbrechen relativiert habe, wie beispielsweise die Kritikerin Sigrid Löffler dem Roman entgegenhält, lässt sich dann nicht mehr aufrechterhalten, wenn man Hanna mit der an Kant orientierten Rigorosität Michael Bergs für ihren

Analphabetismus selbst verantwortlich macht. Dennoch bleibt durch das Motiv des Analphabetismus beim Leser eine Irritation, der der Roman allerdings auch einen Teil seines Erfolges verdankt. Es ist keineswegs so leicht, über Hanna als einer skrupellosen NS-Verbrecherin den Stab zu brechen. Hat Hanna durch ihre Liebesbeziehung zu Michael bereits menschliche Züge angenommen, so wird ihr uneinsichtiges, zur Reue unfähiges Verhalten während des Prozesses durch die Entdeckung ihres Analphabetismus als mühsam kaschierten Defizits zwar nicht relativiert, aber zumindest menschlich verständlicher. Schließlich entwickelt Hanna durch ihre verspätete Alphabetisierung und die dadurch mögliche literarische und wissenschaftliche Auseinandersetzung mit den Verbrechen der NS-Zeit offensichtlich doch noch ein moralisches Bewusstsein für ihre Schuld. Vor diesem Hintergrund ließe sich ihr Selbstmord als Eingeständnis ihrer Schuld und als ihre Form der Sühne deuten. Schließlich stiftet Michael am Ende des Romans das von Hanna hinterlassene Geld der „Jewish League Against Illiteracy" (vgl. S. 206) und macht damit deutlich, dass für ihn in Hannas Analphabetismus, in ihrer „selbst verschuldeten Unmündigkeit", ein wichtiger Beweggrund ihres Verhaltens liegt.

Hannas verspätete Sühne

Die Erzählweise

Der Erzähler: Erinnerung und Reflexion

Signale des ersten Satzes

So karg und knapp formuliert er auch ist, so bietet der erste Satz bereits eine Reihe wichtiger Informationen über die Erzählform des Romans: „Als ich fünfzehn war, hatte ich Gelbsucht." (S. 5), schreibt der Erzähler einleitend und signalisiert mit den beiden Personalpronomina „ich", dass er von sich selbst zu erzählen beabsichtigt, mit dem Temporalsatz „Als ich fünfzehn war", dass das Geschehen schon eine geraume Zeit zurückliegt. Offensichtlich bedient sich der Autor Schlink einer Erzählform, die man mit Franz K. Stanzel als quasi-autobiografische Ich-Erzählform (vgl. Stanzel, S. 270ff.) bezeichnen kann. Quasi-autobiografisch ist diese Erzählfom deshalb, weil der Erzähler der

Quasi-autobiografische Ich-Erzählform

Geschichte nicht mit dem Romanautor identisch, sondern eine von ihm erfundene Figur ist. Auch wenn der Erzähler vielleicht eine Reihe von Wesensmerkmalen mit dem Autor gemeinsam hat, so ist er doch eine vom Autor getrennte, fiktive Figur mit ihrer eigenen Biografie. Das Autobiografische dieser Erzählform besteht jedoch darin, dass der fiktive Ich-Erzähler aus einer gewissen zeitlichen Distanz heraus Ereignisse aus seinem Leben in der Ich-Form erzählt. Je nachdem, wie groß diese Distanz zwischen den erzählten Erlebnissen des Ich und dem Zeitpunkt des Erzählens ist, wird das erzählende Ich von den erlebten Begebenheiten vielleicht noch ganz angefüllt und aufgewühlt oder aber bereits etwas abgeklärt sein und mit kritischer Sicht auf die Ereignisse seiner Jugendzeit zurückblicken. Diese Spannung zwischen erlebendem und erzählendem Ich bildet ein wichtiges Charakteristikum des quasi-autobiografischen Ich-Romans.

So vermittelt der Ich-Erzähler dem Leser auch bereits im zweiten Kapitel eine ungefähre Vorstellung davon, wie groß diese Spanne zwischen den Erlebnissen des fünfzehnjährigen Michael Berg und dem Zeitpunkt der Romanniederschrift eigentlich ist. „Das Haus in der Bahnhofstraße steht heute nicht mehr." (S. 8), berichtet der Erzähler einleitend über jenes Haus, vor dem der gelbsuchtkranke Michael im ersten Kapitel sich übergeben und Hannas Hilfe erfahren hat. „Ich weiß nicht, wann und warum es abgerissen wurde. Über viele Jahre war ich nicht in meiner Heimatstadt. Das neue Haus, in den siebziger oder achtziger Jahren gebaut, hat fünf Stockwerke und einen ausgebauten Dachstock, verzichtet auf Erker oder Balkone und ist glatt und hell verputzt." (S. 8) Dass sich im Erdgeschoss nach einem Drogeriemarkt, einem Lebensmittelmarkt und Videoverleih „derzeit ein Computerladen" (S. 8) befindet, verweist den Zeitpunkt der Romanniederschrift offensichtlich in die Jetztzeit. Dass die an dieses Haus geknüpften, obwohl weit zurückliegenden Ereignisse den Ich-Erzähler immer noch nicht in Ruhe lassen, kann man den anschließend breit geschilderten Träumen entnehmen, in denen das Haus dem Ich-Erzähler in unterschiedlichen Lebensphasen, verschiedenartigsten Landschaften und in bedrückenden Situationen erscheint. Dass der Ich-Erzähler hier eine Begebenheit aus seiner Jugendzeit aufarbeitet, die ihn trotz der jahrzehntelangen zeitlichen Distanz emotional immer noch bewegt, lässt sich bereits aus den ersten beiden Kapiteln herauslesen. Gewissheit über die Motive seines Schreibens, sofern es diese überhaupt geben kann, erhält der Leser allerdings erst im letzten Kapitel, wo die Chronologie des Erzählens in der Gegenwart des Erzählers angekommen ist und erlebendes und erzählendes Ich zusammenfallen.

In diesem Kapitel schildert der Ich-Erzähler zunächst, wie in der Zeit nach Hannas Tod die Schuldgefühle und der Zorn auf Hanna allmählich verblasst sind und er das Vergangene als „nun eben mein Leben" (S. 205) angenommen hat. Dann berichtet er, mit welchen Intentionen er Hannas und seine Geschichte schriftlich zu gestalten versucht habe, wie das Schreiben, um die Geschichte loszuwerden, ebenso gescheitert ist wie der Versuch, sie durch das Schreiben vor dem Vergessen zu bewahren. Dann habe er seinen Frieden mit ihr gemacht und sie sei zurückgekommen, „Detail um Detail und in einer Weise rund, geschlossen und gerichtet, daß sie mich nicht mehr traurig macht." (S. 206) In Situationen des Verletztwerdens, so der Erzähler weiter, kämen die alten Schuldgefühle, die Sehnsucht und das Heimweh wieder hoch, und er beschließt seine Reflexionen mit der Einsicht: „Vielleicht habe ich unsere Geschichte doch geschrieben, weil ich sie loswerden will, auch wenn ich es nicht kann." (S. 206) Hinter dieser scheinbar widersprüchlichen Formulierung seiner Schreibintention steht die Erkenntnis, dass in gegenwärtigen Situationen immer auch vergangen geglaubte Ereignisse aktualisiert werden, dass der Erzählende, auch wenn er es vielleicht doch insgeheim will, seine Geschichte nicht loswerden kann. Deutlich wird aus diesen den Roman beschließenden Schlaglichtern auf den Entstehungsprozess und die Intention des Schreibens, dass sowohl das Vonsich-Wegschreiben wie das Sich-Vergewissern dessen, was die stimmige Version des Erlebten sein könnte, die den Schreibprozess des Erzählers steuernden Motive sind.

Da der Ich-Erzähler seine Erlebnisse nicht allein deshalb formuliert, weil er seine Leser auf angenehme, spannende Weise unterhalten will, sondern auch, weil er sich Aufschlüsse über die Motive seines Handelns und das Verhalten der anderen Figuren verspricht, begleitet er den Erzählvorgang mit analysierenden Reflexionen und Kommentaren, wählt aus der Fülle seiner Erinnerungen die Episoden heraus, die für den Prozess des Sich-Vergewisserns bedeutsam sind.

Schreiben als Bearbeiten des Vergangenen

Beschränkungen des Ich-Erzählers

Zwei Schwierigkeiten stehen dem entgegen und müssen konstruktiv bewältigt werden: Zum einen ist die Sichtweise des Ich-Erzählers in einem quasi-autobiografischen Roman auf die Erlebnisweise des handelnden Ich beschränkt. Er kann zwar aus der Erfahrung seiner inzwischen gereiften Persönlichkeit über die Motive und Gedanken der anderen Figuren Mutmaßungen anstellen, doch wie treffend sie auch immer sein mögen, sie bleiben Spekulation. Zum anderen ist das Erinnerungsvermögen des Ich-Erzählers über einen so langen Zeitraum von mehr als dreißig Jahren ein Problem, das der Erzähler allerdings selbst thematisieren kann. Von beiden Möglichkeiten, den Erzählvorgang kommentierend zu begleiten, macht der Ich-Erzähler reichlich Gebrauch.

Zwar hat der Ich-Erzähler jederzeit die Möglichkeit, nicht erlebte oder ihm nicht präsente Details des Geschehens aus der eigenen Einbildungskraft zu rekonstruieren, doch kann er auch, im Gegensatz dazu, Erinnerungslücken bewusst markieren und thematisieren. So hat der Erzähler beispielsweise bei der Beschreibung von Hannas Haus sehr genaue Erinnerungen an das Treppenhaus, das er sich als Kind immer prunkvoll vorgestellt hat, das er nun aber als schäbig und heruntergekommen erlebt. Nicht erinnert er sich allerdings mehr, dort je einem anderen Hausbewohner begegnet zu sein, und fügt an: „Ich erinnere mich auch nicht mehr, wie ich Frau Schmitz begrüßt habe", um diese Formel wenig später noch einmal aufzugreifen: „Ich erinnere mich auch nicht mehr, was wir in der Küche geredet haben." (S. 13) Während hier visuelle Eindrücke – die in der Mitte abgetretenen rot gestrichenen Treppenstufen oder die rote Samtdecke über der Couch in der Küche – detailliert erinnert werden, hat die Erinnerung für fremde Personen oder floskelhafte Gespräche keine Anker. Durch die Thematisierung der Erinnerung macht der Ich-Erzähler gleichzeitig deutlich, welchen Sinneseindrücken er Bedeutung beimisst und welche er oder bereits das erlebende Ich als nicht registrierenswert betrachtet.

Selektion von
Vergangenem

Wenn der Ich-Erzähler sich an bestimmte Zusammenhänge nicht mehr erinnert, kann dies einmal heißen, dass das erlebende Ich in der betreffenden Situation nicht präsent und offen genug war, um die entsprechenden Eindrücke aufzunehmen, es kann aber auch bedeuten, dass die Erinnerungen über die Zeit hinweg verblasst oder als unangenehm verdrängt worden sind. Wenn Michael während des beginnenden „Gleitflugs" (vgl. S. 67) ihrer Liebe feststellt: „Ich weiß nicht mehr, wann ich Hanna erstmals verleugnet habe" (S. 72), so kann dies sowohl eine Wahrnehmungslücke des erlebenden wie eine Erinnerungslücke des erzählenden Ich sein, zumal die Vorstellung, sich vor seinen Klassenkameradinnen und Klassenkameraden nicht zu Hanna bekannt zu haben, ein von Michael schuldhaft besetztes Verhalten ist. Auch verweist der kommentierende Einschub des Erzählers darauf, dass sich der Anfang seines „Verrats" vielleicht gar nicht genau markieren lässt, weil es sich um einen unmerklichen, kaum zu rekonstruierenden Prozess handelt. Dass sich der Erzähler nicht mehr genau an die Ziele seines KZ-Seminars erinnert (vgl. S. 86) und von der Arbeit in den freitäglichen Seminarsitzungen nichts mehr weiß (vgl. S. 125), wohl aber über Details des Prozesses verfügt und genaue Erinnerungen an die Sonntage hat, an denen er einen „neuen Hunger nach den Farben und Gerüchen der Natur" (S. 125) in langen Spaziergängen befriedigt, wirft ein deutliches Licht auf die Wahrnehmungsweise des erlebenden Ich.

Überprüfen von
Wertungen

Schließlich nimmt der Ich-Erzähler den Schreibprozess auch zum Anlass, mit der Erinnerung verbundene Wertungen noch einmal zu überprüfen und auch zu revidieren. So hebt er beispielsweise die Feststellung: „Ich habe die letzten Jahre auf der Schule und die ersten auf der Universität als glückliche Jahre in Erinnerung." (S. 84) nach einer genaueren Überprüfung wieder auf: „Ich frage mich auch, ob die glückliche Erinnerung überhaupt stimmt. Wenn ich länger zurückdenke, kommen mir genug beschämende und schmerzliche Situationen in den Sinn und weiß ich, daß ich die Erinnerung an Hanna zwar verabschiedet, aber nicht bewältigt hatte." (S. 84) Hier deutet der inzwischen erfahrenere und distanziertere Ich-Erzähler seine emotionale Befindlichkeit früherer Jahre noch einmal neu.

Einzelszenen wie Standfotos auf seine „innere Leinwand" (S. 61) zu projizieren, ist eine weitere Strategie des Erzählers, Vergangenheitsmomente herauszuheben. Von Anfang an ist die Erinnerung des Ich-Erzählers von Einzelbildern geprägt, die manchmal auftauchen oder auch nicht verfügbar sind, die sich überlagern oder auch verzerren können. So schreibt er über den ersten Eindruck, den Hannas Gesicht auf ihn gemacht hat: „Über ihr damaliges Gesicht haben sich in meiner Erinnerung ihre späteren Gesichter gelegt. Wenn ich sie vor meine Augen rufe, wie sie damals war, dann stellt sie sich ohne Gesicht ein." (S. 14) Später berichtet er von Situationen, in denen solche Bilder mehrmals hintereinander in ihm auftauchen und er gezwungen ist, sie zu betrachten: „Eines ist Hanna, die in der Küche die Strümpfe anzieht. Ein anderes ist Hanna, die vor der Badewanne steht und mit ausgebreiteten Händen das Frottiertuch hält. Ein weiteres ist Hanna, die Fahrrad fährt und deren Rock im Fahrtwind weht. Dann ist da das Bild von Hanna im Arbeitszimmer meines Vaters." (S. 61) Mit dem Fixieren einzelner Szenen in ein Standbild kann der Ich-Erzähler sowohl positiv besetzte als auch schuldbeladene Schlüsselsituationen herausheben und verfügbar halten. So zählt beispielsweise das Bild der in ihrem neuen Nachthemd vor dem Spiegel tanzenden Hanna durch die Bemerkung: „Auch das ist ein Bild, das mir von Hanna geblieben ist." (S. 62) zum positiv besetzten Erinnerungsbestand, wo hingegen ihre letzte Begegnung im

Schwimmbad als verbildlichter Vorwurf bleibt: „Hanna in Shorts und geknoteter Bluse, mir ihr Gesicht zugewandt, das ich nicht lesen kann – auch das ist ein Bild, das ich von ihr habe." (S. 78) Überfallartig drängen sich die Bilder dem Studenten Michael auf, während das Gericht in Israel tagt und er sich seinem Studium widmen will. Hier verwandeln sich die Bilder in traumatische Visionen von Hanna, der KZ-Aufseherin, Kommandos schreiend, „das schreiende Gesicht eine häßliche Fratze" (S. 141). Bilder geraten durcheinander, die liebende Hanna nimmt die Züge der grausamen Aufseherin an, bis am Ende, an Hannas Totenbett, das versöhnliche Bild der jüngeren Hanna wieder auftaucht: „Als ich lange hinschaute, schien im toten Gesicht das lebende auf, im alten das junge. So muß es alten Ehepaaren gehen, dachte ich; für sie bleibt im alten Mann der junge aufgehoben und für ihn die Schönheit und Anmut der jungen Frau in der alten." (S. 197f.)

Reflexionen des Ich-Erzählers

Nach dem Sinn des Geschehens zu fragen, nach den Handlungsmotiven der Figuren zu forschen und das eigene Verhalten mit kritischem Blick zu bewerten, ist eine weitere Möglichkeit, die sich aus der zeitlichen Distanz zwischen dem erlebenden und dem erzählenden Ich ergibt. Auch hier dominiert der Gestus der Selbstvergewisserung: Von seinen schmerzvollen Erfahrungen geprägt, nimmt der Ich-Erzähler für ihn existenziell bedeutsame Situationen seiner Biografie zum Anlass, Fragen aufzuwerfen und nach Antworten zu suchen. Dabei verwischt an manchen Stellen die Distanz und es ist nicht immer genau auszumachen, ob das erlebende oder das erzählende Ich die Fragen stellt. So bietet Hannas wütende Reaktion auf Michaels lasche Haltung gegenüber seinen schulischen Verpflichtungen einen ersten Anlass zu einer tiefer gehenden Reflexion: „War es ihr um mich zu tun? oder um sich? Wenn meine Arbeit blöd ist, dann ist ihre erst recht blöd – hatte sie das gekränkt? Aber ich hatte gar nicht gesagt, daß meine oder

Thematisierung der Beziehung

ihre Arbeit blöd ist. Oder wollte sie keinen Versager zum Geliebten? Aber war ich ihr Geliebter? Was war ich für sie?" (S. 37) Deutlich wird aus diesen Fragen, mit denen der Erzähler eher die Sicht des erlebenden Ich einnimmt, dass Hannas Verhalten einer Dynamik folgt, die sich aus der Situation selbst nicht vollends erschließen lässt. So unverständlich ist ihre Reaktion, dass die systematisch nachforschenden Fragen schließlich bei der ganz grundsätzlichen und nicht mehr zu beantwortenden Beziehungsfrage ankommen: „Was war ich für sie?" Im Anschluss daran mischt sich, klar markiert, der Ich-Erzähler mit einer grundsätzlichen Reflexion ein, die dem Geschehen des ersten Teils eine neue Wendung gibt: „Warum wird uns, was schön war, im Rückblick dadurch brüchig, daß es häßliche Wahrheiten verbarg?" (S. 38) Könne es, wenn es nicht ewig halte, überhaupt ein Glück geben, so fragt sich der Erzähler und folgert daraus in weiteren Fragen: „Weil schmerzlich nur enden kann, was schmerzlich gewesen ist, unbewußt und unerkannt? Aber was ist unbewußter und unerkannter Schmerz?" (S. 38) Abgesehen davon, dass mit dieser Erzählerreflexion auch eine Vorausdeutung auf spätere Enthüllungen, eine Ankündigung „häßlicher Wahrheiten" verbunden ist, weist sie den Ich-Erzähler wie auch den Leser auf einen Aspekt, der besonderer Aufmerksamkeit wert ist: Gibt es in der Beziehung zwischen Michael und Hanna Momente unerkannten Schmerzes und wie könnte man sie freilegen?

Fragwürdigkeit des Glücks

Im ersten Teil des Romans thematisieren die Erzählerreflexionen Michaels Unsicherheiten im Umgang mit Hannas für ihn nicht durchschaubarem Verhalten (vgl. S. 56), die Schwankungen in seiner Selbsteinschätzung (vgl. S. 64) und seinen vermeintlichen Verrat an Hanna (vgl. S. 72), sind mithin noch geprägt von Unsicherheiten, Selbstzweifeln und Schuldgefühlen. Mit der veränderten Situation im zweiten Teil, der Distanz des erlebenden Ich zu seiner Liebes-

Zunehmende Selbstgewissheit des Erzählers

beziehung mit Hanna, seiner Konfrontation mit Hannas Verbrechen, schließlich auch der wachsenden Selbstgewissheit des Erzählers, gewinnen auch die Erzählerreflexionen an kritischer Distanz. Intensiv setzt sich der Ich-Erzähler mit jener Gefühllosigkeit auseinander, die ihn wie alle am Prozess Beteiligten ergreift, als hätte man ihnen eine Betäubungsspritze gegeben, um den „Einbruch des Schrecklichen in den Alltag" (S. 98) ertragen zu können. Diese „Gemeinsamkeit des Betäubtseins" (S. 99), die Täter wie Opfer, Tote wie Lebende, Überlebende wie Nachlebende, Richter wie Schöffen, Staatsanwälte wie Protokollanten trotz der alles entscheidenden Unterschiede vergleichbar mache, nimmt der Ich-Erzähler zum Anlass zu fragen, was seine „Generation der Nachlebenden eigentlich mit den Informationen über die Furchtbarkeit der Vernichtung der Juden anfangen" (S. 99) solle. „Wir sollen nicht meinen, begreifen zu können, was unbegreiflich ist, dürfen nicht vergleichen, was unvergleichlich ist, dürfen nicht nachfragen, weil der Nachfragende die Furchtbarkeiten, auch wenn er sie nicht in Frage stellt, doch zum Gegenstand der Kommunikation macht und nicht als etwas nimmt, vor dem er nur in Entsetzen, Scham und Schuld verstummen kann." (S. 99f.) Nur in der Gefühlsbetäubung zu verharren, sich an aktive Formen des Begreifens, Vergleichens, Drüber-Redens nicht heranwagen zu dürfen, nur zu erleben, wie „einige wenige verurteilt und bestraft" (S. 100) werden, ist dem Ich-Erzähler als Vertreter der nachfolgenden Generation zu wenig. Als Vertreter seiner Generation, als damaliger Teilnehmer an einem Seminar über KZ-Prozesse und späterer Rechtshistoriker mit dem Schwerpunkt „Recht im Dritten Reich" (S. 172) sucht der Ich-Erzähler hier nach einem angemessenen Verhalten gegenüber den Gräueltaten der NS-Zeit. Wenn er auch eine gültige Antwort nicht formuliert, so weisen seine Fragen doch zumindest in eine gedankliche Richtung.

Umgang mit Gräueltaten der NS-Zeit

In den nun folgenden Reflexionen des Ich-Erzählers über Hanna, ihr Verhalten im Lager und das Verbergen ihres Analphabetismus überwiegen in zunehmendem Maße die kritischen Wertungen das Verständnis für die Problematik ihrer Situation. So räumt er in einer ersten Bewertung ihres Verhaltens beim Brand der Kirche zwar ein, dass die Lage unübersichtlich und die Hilflosigkeit der Frauen nur zu verständlich gewesen sei, fügt dann aber an: „Aber konnte die Einsicht, daß die Situation schwierig gewesen war, das Entsetzen über das, was die Angeklagten getan oder auch nicht getan hatten, relativieren?" (S. 123) Diesmal wird der Erzähler deutlicher und verlässt den Modus des Fragens: „So konnte man, aber man wollte sich nicht vorstellen, was Hanna beschrieb." (S. 123) Damit verweist der Erzähler Hannas Verhalten und das der Mitangeklagten in einen Vorstellungsbereich, den niemand mehr beschreiten will, und fällt damit implizit ein moralisches Verdikt. Auch als sich dem Ich-Erzähler Hannas Analphabetismus in seiner ganzen Tragweite offenbart, entwickelt er zwar Verständnis für ihre Scham und ihr Bedürfnis, eine Enthüllung und damit verbundene gesellschaftliche Stigmatisierung zu vermeiden, nicht aber für das Verbrechen „aus Angst von der Bloßstellung". (S. 127) Dass Hanna eine um ein paar Jahre höhere Gefängnisstrafe in Kauf nimmt, nur um eine sie fesselnde, lähmende „verlogene Selbstdarstellung" (vgl. S. 132) fortzusetzen, kann der Ich-Erzähler nicht mehr billigen: „Mit der Ernergie, mit der sie ihre Lebenslüge aufrechterhielt, hätte sie längst lesen und schreiben lernen können." (S. 132) Ein hartes Urteil fällt der Erzähler schließlich über Hanna, als er rechtfertigt, warum er mit ihr während des Prozesses keinen Kontakt aufnehmen will. Noch einmal wiederholt er die schon nach dem ersten Streit mit Hanna aufgeworfene Frage, was er für sie eigentlich bedeute, kommt nun aber, als Getäuschter tief verletzt, zu schonungslosen Mutmaßungen: „Der kleine Vorleser, den sie benutzt, der kleine Beischläfer, mit dem sie ihren Spaß gehabt hatte? Hätte sie mich auch ins Gas geschickt, wenn sie mich nicht hätte verlassen können, aber loswerden wollen?" (S. 153)

Selbstbehauptung des Ich-Erzählers

In ihrer chronologischen Abfolge im Roman gelesen, ergeben die Erzählerreflektionen, meist in echten Fragen formuliert, eine Art zweiten Text, in dem der Ich-Erzähler in einer kontinuierlichen Reflexion seine Beziehung zu sich selbst als moralisch empfindendem und denkendem Wesen, zu den Verbrechen der NS-Täter und zu Hanna als Täterin und Geliebte überdenkt. Die Erzählerreflektionen stellen jene kritische Distanz her, die in den versöhnlichen Partien des Handlungsgangs nicht auszumachen ist. So vollzieht der Ich-Erzähler, obgleich er alles unternimmt, um Hanna den Übergang vom Gefängnis in ein neues Alltagsleben zu erleichtern, in seinen Reflexionen noch einmal einen deutlichen Schritt der Distanznahme: „Ich hatte Hanna eine kleine Nische zugebilligt, durchaus eine Nische, die mir wichtig war, die mir etwas gab und für die ich etwas tat, aber keinen Platz in meinem Leben. Aber warum hätte ich ihr einen Platz in meinem Leben zubilligen sollen? Ich empörte mich gegen das schlechte Gewissen, das ich bei dem Gedanken bekam, sie auf eine Nische reduziert zu haben." (S. 187) Der rigorose Umgang des erlebenden wie des erzählenden Ich mit sich selbst weicht hier einer zunehmenden Selbstbehauptung, gipfelnd in den Fragen: „Hatte ich nicht auch Rechenschaft von ihr zu fordern? Wo blieb ich?" (S. 190)

Der Stil: Schlichtheit und Fülle

Unterschiedliche Bewertungen des Stils

Wenngleich die Literaturkritik an der ästhetischen Qualität des Romans auch nicht zweifelt, werden bei der Einschätzung seines Sprachstils doch ganz unterschiedliche Aspekte hervorgehoben. Auf der einen Seite wird seine „einfühlsame und transparente Sprache" gelobt, die oft von „erstaunlicher Präzision" sei (vgl. Frankfurter Allgemeine Zeitung, 09. 09. 95), wird auf die „suggestive Präzision seiner Sprache" verwiesen, die ein „Höchstmaß an Anschaulichkeit" (Focus, 30. 09. 59) biete. Auf der anderen Seite erfährt die sprachliche Qualität auch recht zweifelhafte Wertungen, wenn beispielsweise von einer „Simplizität des Stils" als „Köder für den Leser" (Neue Züricher Zeitung, 28. 10. 95) oder von „scheinbarer Schlichtheit, ja Unbeholfenheit" (Weltwoche, 23. 11. 95) der Darstellungsweise die Rede ist. Doch seien es gerade „die einfachen Sätze dieses Romans", so heißt es weiter, „die ein kaum erträgliches Maß an Erschütterung in sich bergen." (ebd.) „In einer einfachen, lakonischen Sprache, die fast panisch Metaphern und Nebensätze meidet", so heißt es später in noch zugespitzterer Form, arbeite Schlink „mit großer Genauigkeit Situationen von filmischer Präsenz" (Weltwoche 01. 04. 99) heraus. Offensichtlich dominiert bei vielen Lesern des Romans der Eindruck, sein Stil sei schlicht, simpel, einfach und lakonisch, obwohl er in seiner Wirkung gleichzeitig als präzise und suggestiv, emotional und bildhaft bezeichnet werden müsse.

Als ein Beispiel für jenen lakonischen, scheinbar schlichten Stil des Romans kann sicherlich sein Anfang gelten, der in wenigen Sätzen den Krankheitsverlauf der Hauptfigur Michael Berg skizziert:

Passagen lakonischen Stils

> Als ich fünfzehn war, hatte ich Gelbsucht. Die Krankheit begann im Herbst und endete im Frühjahr. Je kälter und dunkler das alte Jahr wurde, desto schwächer wurde ich. Erst mit
> 5 dem neuen Jahr ging es aufwärts. Der Januar war warm, und meine Mutter richtete mir das Bett auf dem Balkon. Ich sah den Himmel, die Sonne, die Wolken und hörte die Kinder im Hof spielen. Eines frühen Abends im Februar hörte
> 10 ich eine Amsel singen. (S. 5)

In der Tat wird diese komprimierte Wiedergabe des Krankheitsverlaufs von syntaktisch einfach gebauten, kargen Sätzen bestimmt. Nur wenige, meist notwendige Attribute schmücken oder präzisieren die Aussage. Der Eindruck der Unbeholfenheit mag durch Verkürzungen wie „Als ich fünfzehn war" (Z. 1) statt beispielsweise „Als ich fünfzehn Jahre alt war" oder durch Wortwiederholungen wie „wurde" (Z. 4) oder „hörte" (Z. 7, 8) zustande kommen. Gleichzeitig zeichnet sich der Text aber gerade aufgrund seines lakonischen, konstatierenden Stils durch eine große Eindringlichkeit aus. Die im zweiten Satz vorgenommene Datierung der Krankheit vom Herbst bis zum Frühjahr passt sie in ihrem Verlauf den Jahreszeiten an, was in den folgenden Sätzen durch die Analogie „je kälter und dunkler [...] desto schwächer" (Z. 3, 4) in seiner Anschaulichkeit noch verstärkt wird. Der Verweis auf den warmen Januar und den Gestus der Mutter, das Bett auf dem Balkon zu richten, signalisiert neues Licht und ein Erwachen der Sinne. Mit der schlichten Aufzählung der neuen visuellen und akustischen Eindrücke wird auch neues Leben angedeutet, das dann „eines frühen Abends im Februar" (Z. 9) durch den Gesang der Amsel, ein noch häufiger verwendetes Symbol für Michaels emotionales Wohlergehen (vgl. S. 44), in ein Bild gefasst wird. Was sich sprachlich zunächst schlicht gibt, so ließe sich zusammenfassen, erweist sich bei genauerem Hinsehen doch als exakt kalkuliert und von hoher erzählerischer Intensität.

Anschaulichkeit in der Kargheit

Pointierung der Kapitelanfänge

Nicht minder exakt kalkuliert ist sprachliche Schlichtheit dort, wo sie Aussagen von großer Tragweite und Bedeutung für den weiteren Verlauf des Romangeschehens in lapidare Sätze komprimiert. Dieses Mittels bedient sich der Erzähler an exponierten Punkten der Romanhandlung, insbesondere zu Beginn der Kapitel. Mit den Kapitelanfängen ließe sich, würde man sie zu einem fließenden Text zusammenschreiben, geradezu eine knappe, aber vielschichtige

Wiedergabe des Handlungszusammenhangs fertigen. Kapitelanfänge wie: „Dann habe ich begonnen, sie zu verraten." (S. 72), „Am nächsten Tag war sie weg." (S. 79), „Ich sah Hanna im Gerichtssaal wieder." (S. 86), „Ende Juni wurde das Urteil verkündet." (S. 156), „Mit der Odyssee habe ich angefangen." (S. 174), „Am nächsten Sonntag war ich bei ihr." (S. 184) und schließlich: „Am nächsten Morgen war Hanna tot." (S. 192) überraschen den Leser mit einer neuen, schlaglichtartigen Information, deren nähere Umstände im Verlauf des Kapitels jeweils ausgebreitet werden. Dabei besteht der ästhetische Reiz dieses Verfahrens in der offensichtlichen Diskrepanz zwischen karger sprachlicher Gestaltung und hoher inhaltlicher Bedeutsamkeit der Aussage.

So lakonisch und knapp die Eingangsbeschreibung gestaltet ist, so emphatisch und ausschweifend ist die Sprache der folgenden Reflexion über die Krankheit im Kindesalter:

Emphatischer Stil

	Was sind die Zeiten der Krankheit in Kindheit und Jugend doch für verwunschene Zeiten! Die Außenwelt, die Freizeitwelt in Hof oder Garten oder auf der Straße dringt nur mit gedämpften
5	Geräuschen ins Krankenzimmer. Drinnen wuchert die Welt der Geschichten und Gestalten, von denen der Kranke liest. Das Fieber, das die Wahrnehmung schwächt und die Fantasie schärft, macht das Krankenzimmer zu einem
10	neuen, zugleich vertrauten und fremden Raum; Monster zeigen in den Mustern des Vorhangs und der Tapete ihre Fratzen, und Stühle, Tische, Regale und Schrank türmen sich zu Gebirgen, Gebäuden oder Schiffen auf, zu-
15	gleich zum Greifen nah und in weiter Ferne. Durch lange Nachtstunden begleiten den Kranken die Schläge der Kirchturmuhr, das Brummen gelegentlich vorbeifahrender Autos und der Widerschein ihrer Scheinwerfer, der über
20	Wände und Decke tastet. Es sind Stunden ohne Schlaf, aber keine schlaflosen Stunden, nicht Stunden eines Mangels, sondern Stunden der Fülle. Sehnsüchte, Erinnerungen, Ängste, Lüste arrangieren Labyrinthe, in denen sich

25   der Kranke verliert und entdeckt und verliert.
Es sind Stunden, in denen alles möglich wird,
Gutes wie Schlechtes. (S. 19f.)

Mit dieser Reflexion werden im Nachhinein jene
Fantasien und Visionen geschildert, die die karge
Eingangsbeschreibung von Michaels Krankheit
ausgespart hat. Sie verweist auf Michaels emotional aufgewühlten Zustand, der schon einiges
über seine Bereitschaft verrät, sich mit erotischen und sexuellen Visionen auseinanderzusetzen und sich auf die Verlockungen von Hannas

Sentenz als Einleitung

Körper einzulassen. Bereits mit dem ersten Satz
gibt sich ein emphatischer, rhetorisch ausge-
stalteter Stil zu erkennen: Der als Ausruf, als
Exclamatio formulierte Gedanke, dass die Zeiten der Krankheit in Kindheit und Jugend
verwunschene Zeiten seien, hebt sich aus dem
unmittelbaren Kontext heraus und leitet als
Sentenz eine Reflexionspassage ein, die zwar
auf den unmittelbaren Anlass, Michaels Krankheit, noch Bezug nimmt, gleichzeitig aber auch

Alliterationen

über ihn hinausweist. Schon die auffälligen
Alliterationen, so zum Beispiel: „Krankheit in
Kindheit" (Z. 1), „gedämpften Geräuschen" (Z.
5), „wuchert die Welt" (Z. 4f.), „Geschichten
und Gestalten" (Z. 6), „schwächt" – „schärft"
(Z. 8), verleihen dem Text eine lautliche Sinnlichkeit. Dominantes stilistisches Mittel dieser
herausgehobenen Passage ist jedoch die antithetische Fügung. Sie beginnt mit dem Fieber,

Antithetische Fügungen

das die „Wahrnehmung schwächt" und die
„Fantasie schärft" (Z. 8), das das Kranken-
zimmer zu einem „zugleich vertrauten und
fremden Raum" (Z. 10) macht. Die sich auf-
türmenden Visionen sind „zugleich zum Grei-
fen nah und in weiter Ferne." (Z. 15) Schließlich
erfährt die Kette antithetischer Fügungen eine
Pointierung in dem Satz: „Es sind Stunden
ohne Schlaf, aber keine schlaflosen Stunden,
nicht Stunden eines Mangels, sondern Stunden
der Fülle." (Z. 20ff.) Abgesehen davon, dass die
gedankliche Zuspitzung durch den Chiasmus,
die Überkreuzstellung von „Stunden ohne

Schlaf" und „schlaflose Stunden" noch hervorgehoben wird, erweitert sich hier die antithetische Fügung zu einer semantischen Figur:
Während die Wendung „schlaflose Stunden"
eindeutig negativ besetzt ist, haftet der Aus-
drucksweise „Stunden ohne Schlaf" keine Wer-
tung an, sie kann mithin auch auf erfüllte
Stunden bezogen werden. Ein weiteres Mittel,
der Fülle der Visionen sprachlichen Ausdruck
zu verleihen, ist die Enumeratio, die einfache
Aufzählung, von der hier in Wendungen wie:
„Stühle, Tische, Regale und Schrank türmen
sich zu Gebirgen, Gebäuden oder Schiffen auf"
(Z. 12ff.), „Sehnsüchte, Erinnerungen, Ängste,
Lüste arrangieren Labyrinthe" (Z. 23f.) Gebrauch gemacht wird.

Die stilistische Qualität des Romans erschöpft
sich weder in der Reihung schlichter, lakoni-
scher Sätze noch in der kunstvollen rhetorischen
Ausgestaltung längerer Satzgefüge. Sie entwickelt sich vielmehr aus dem flexiblen Wechsel
unterschiedlichster Stilebenen. Während Hand-
lungsberichte die Vorgänge oft nur knapp und
nüchtern resümieren, wird der Stil dann aus-
schweifender, wenn dem Ich-Erzähler bedeutsam erscheinende Situationen ausgestaltet, längere Reflexionen angestellt oder Befindlichkei-
ten des erlebenden oder erzählenden Ich
analysiert werden. Bei einer solchen nachträgli-
chen Aufarbeitung emotional wichtiger Ereignisse wird die Sprache zu einem Instrument des
Sich-Herantastens an die Gefühlswerte des
Vergangenen. So setzt der Ich-Erzähler die von
ihm bevorzugten stilistischen Figuren und Wendungen, die antithetische Fügung, die Para-
phrase, die Wortwiederholung und die Sentenz
nicht nur zur Intensivierung der Aussage, sondern auch zur Suche nach einer möglichst
authentischen Version des Geschehens ein.

Die auffallend häufig verwendeten antithetischen Fügungen nicht nur als stilistische Pointierung zu deuten, legt der Erzähler selbst nahe,

**Funktionaler
Einsatz stilistischer
Mittel**

**Funktion der
Antithesen**

wenn er über sich schreibt: „Aber ich erkenne heute im damaligen Geschehen das Muster, nach dem sich mein Leben lang Denken und Handeln zueinander gefügt oder nicht zueinander gefügt haben." (S. 21) Das Auseinanderdriften von Denken, Handeln und Fühlen spiegelt sich schon früh in der Beschreibung ambivalenter Zustände wider. So erlebt der gerade zum Mann gewordene Michael, in den vertrauten Kreis der Familie zurückgekehrt, Heimweh und Sehnsucht zugleich: „Ich war noch da und schon weg." (S. 32) Nach der Trennung von Hanna nimmt er sich vor, sich nie mehr so sehr in Liebe und Schuld verstricken zu lassen, und setzt hinzu: „Ich habe das damals nicht in Deutlichkeit gedacht, aber mit Entschiedenheit gefühlt." (S. 84) Zu jener Inkongruenz von Denken und Fühlen passt auch Michaels Lebenseinstellung, ein „Nebeneinander von Kaltschnäuzigkeit und Empfindsamkeit" (S. 85). In der Zeit von Hannas Prozess schließlich finden Michaels Emotionen weitgehend eigene Bahnen, was sprachlich differenziert verdeutlicht wird: Bei der Lektüre des amerikanischen Buchs der Tochter bleibt, durch die Fremdsprache bedingt, ein „eigentümliches Zugleich von Distanz und Nähe", man habe sich das Buch „erarbeitet und doch nicht zu eigen gemacht". (S. 114) Als Hanna gegen Ende des Prozesses ihren Widerstand aufgibt, gerät Michael in eine diffuse Situation: „Auch ich hatte genug. Aber ich konnte die Sache nicht hinter mir lassen. Für mich ging die Verhandlung nicht zu Ende, sondern begann." (S. 131) Von nun an werden Michaels Dissonanzen in schroffe Antithesen gekleidet: Nach dem Gespräch mit dem Vater heißt es lapidar: „Ich glaubte ihm nicht und nickte." (S. 139), nach dem Gespräch mit dem Richter: „Ich nahm alles wahr und fühlte nichts." (S. 155) Als Michael einen kurzen Brief von Hanna erhält und ihre Alphabetisierung entdeckt, kommentiert der Ich-Erzähler: „Ich war stolz auf sie. Zugleich war ich traurig über sie" (S. 178) und als ihn der Brief der Gefängnisleiterin erreicht: „Mir gefiel ihr Brief. Aber

mir gefiel nicht, was auf mich zukam." (S. 182)
Die antithetischen Fügungen, insbesondere in
existenziell bedeutsamen Situationen verwandt,
dienen dazu, komplexe und ambivalente Situationen und Empfindungen in einer eindring-
lichen, pointierten sprachlichen Wendung zu
komprimieren, die dem Leser Interpretations-
arbeit abverlangt, ihm gleichzeitig aber genü-
gend Deutungsspielräume lässt. Sie berücksich-
tigen die Einsicht, dass Empfindungen nur in
den seltensten Fällen klar und eindeutig sind,
und können durch ihre sprachliche Zuspitzung
längere Reflexionen ersetzen.

Auch unterschiedliche Formen des Paraphrasie-
rens findet man dort, wo es darum geht,
komplexe, mehrdeutige Situationen auszu-
leuchten und aufzuarbeiten. So schreibt sich
der Ich-Erzähler beispielsweise in einer für den
Studenten Michael existenziell wichtigen Situation, als er erfährt, dass sich Hanna im Lager
allabendlich von den gefangenen Mädchen vorlesen ließ, Schritt für Schritt an Hannas authentischen Gesichtsausdruck heran: „Hanna
drehte sich um und sah mich an. Ihr Blick fand
mich sofort, und so merkte ich, daß sie die ganze
Zeit gewußt hatte, daß ich da war. Sie sah mich
einfach an. Ihr Gesicht bat um nichts, warb um
nichts, versicherte oder versprach nichts. Es bot
sich dar." (S. 112) Dadurch dass der Erzähler den
Leser scheinbar in seinen Formulierungsprozess
einbezieht, Deutungsmöglichkeiten ausschließt,
baut sich Spannung auf. Ähnlich verfährt der
Erzähler, als er begründet, weshalb Michaels
Beziehung zu seiner Ehefrau Gertrud keine
Zukunft haben kann: „Ich habe nie aufhören
können, das Zusammensein mit Gertrud mit
dem Zusammensein mit Hanna zu vergleichen,
und immer wieder hielten Gertrud und ich uns
im Arm und hatte ich das Gefühl, daß es nicht
stimmt, daß sie nicht stimmt, daß sie sich falsch
anfaßt und anfühlt, daß sie falsch riecht und
schmeckt." (S. 164f.)

Paraphrasierungen

Den Leser in den Wahrnehmungsprozess des
erlebenden Ich einzubeziehen und bestimmte
Situationsmerkmale deutlich hervorzuheben ist
auch die Funktion von auffälligen Wortwieder-
holungen. Gleichzeitig geben sie einer zentralen
Textpassage eine markante Struktur, wie zum
Beispiel jener Szene, in der Michael Hanna im
Gerichtssaal überraschend erkennt:

> Hanna saß mit dem Rücken zu uns. Ich erkannte
> sie erst, als sie aufgerufen wurde, aufstand und
> nach vorne trat. Natürlich erkannte ich sofort
> den Namen: Hanna Schmitz. Dann erkannte ich
> 5 auch die Gestalt, den Kopf fremd mit zum Kno-
> ten geschlungenen Haaren, den Nacken, den
> breiten Rücken und die kräftigen Arme. Sie hielt
> sich gerade. Sie stand fest auf beiden Beinen. Sie
> ließ ihre Arme locker hängen. Sie trug ein graues
> 10 Kleid mit kurzen Ärmeln. Ich erkannte sie, aber
> ich fühlte nichts. Ich fühlte nichts. (S. 91)

Dadurch, dass der Erzähler den Prozess des
Erkennens in einzelne Phasen gliedert und wie-
dergibt, berichtet er fast schon zeitdehnend. Wie
sehr er gerade und ausschließlich auf dem Vorgang des Erkennens insistiert, macht bereits die
stereotype Wiederholung des Verbs „erkannte"
(Z. 1, 3, 4, 10) in gleicher Flexionsform deutlich.
Weshalb der Erzähler das „erkannte" aber so
auffällig hervorhebt, erschließt sich erst mit dem
Ende der Textpassage: Hier wird deutlich, dass
das erlebende Ich zwar wiedererkennt, aber
nichts dabei fühlt, was durch die Wiederholung
der Wendung „Ich fühlte nichts" noch unter-
strichen wird. Mit dieser Information erhält die
stilistische Gestaltung der Textpassage rückwirkend eine neue Funktion. Dargestellt wird
ein Erkennen ohne Erleben, körperliche Merkmale werden ohne innere Beteiligung in gleich-
förmiger Syntax aufgezählt, ihre Haltung und
ihre Kleidung wird in anaphorisch gereihten
Aussagesätzen protokollarisch festgehalten. Die
Wiederholung einzelner Wörter wie „erkannte"
und „sie", einzelner syntaktischer Fügungen
dient hier dem Ziel, die Gefühllosigkeit des

erlebenden Ich spürbar zu machen. Mit ähnlichen Mitteln einer auffälligen Wortwiederholung macht der Erzähler auch deutlich, wie verzweifelt umständlich Hanna auf dem insistiert, was sie als ihr Recht betrachtet, und wie nutzlos, ja absurd ihre Verteidigungsstrategie im Kontext des Verfahrens ist (vgl. S. 105).

Während der Erzähler mit Paraphrasierungen und den Figuren der Wortwiederholung den Leser in den Schreibvorgang als einen Prozess des Suchens und des Sich-Vergewisserns hineinzieht, ist im Gegensatz dazu die Sentenz ein Mittel der Distanznahme. An exponierten Stellen des Textes stehend, auf allgemeinen Wahrheiten basierend, beansprucht sie Beweiskraft. Sentenzen zeichnen sich durch ihre pointierte Kürze, durch Präzision und Eingängigkeit aus, sollen den Leser überraschen und unterhalten (vgl. Ueding/Steinbrink, S. 268ff.). Hat der Ich-Erzähler seine Reflexionen oft als offene Fragen formuliert, so bevorzugt er bei seinen Sentenzen die Aussage, gelegentlich auch den Ausruf. Mit ihnen weist er zentralen Themen des Romans einen über das Persönliche hinausgehenden, gesellschaftlich anerkannten Stellenwert zu und rechtfertigt eigene Meinungen und Entscheidungen.

Sentenz als Mittel der Distanznahme

Als zum Beispiel der junge Michael sich mit dem Gedanken quält, ob er den Verlockungen der Sünde stattgeben solle oder nicht, der Ich-Erzähler aus der Distanz heraus feststellt, es habe in seinem Leben oft keine Übereinstimmung zwischen Entscheiden und Handeln gegeben, wird das Problem durch eine Sentenz auf eine objektive Ebene gebracht: „Aber das Handeln vollzieht nicht einfach, was davor gedacht und entschieden wurde." (S. 22) Mit diesem wie eine anerkannte Wahrheit formulierten Sinnspruch ist Michaels weiteres Verhalten wenn nicht legitimiert, so aber doch immerhin ziemlich plausibel erklärt. In ähnlicher Weise rechtfertigt der Erzähler sein moralisch rigides Ur-

Sentenz als Erklärung für Verhalten

teil, er habe Hanna vor seinen Klassenkameradinnen und -kameraden verleugnet und damit
verraten, mit der Sentenz: „Und der Beziehung
entzieht das Verleugnen ebenso den Boden wie
die spektakulären Varianten des Verrats." (S. 72)

**Rhetorische
Gestaltung der
Sentenzen**

Intensiviert wird hier die Wirkung dieser Sentenz durch die Figura etymologica „Beziehung
entzieht", ein Spiel mit zwei Worten des gleichen
Verbstamms „ziehen", und eine Alliteration der
beiden sinntragenden Begriffe „Verleugnen"
und „Verrat". Sprachlich noch kunstvoller gestaltet ist die ein Kapitel überraschend abschließende Sentenz: „Weil die Wahrheit dessen, was
man redet, das ist, was man tut, kann man das
Reden auch lassen." (S. 166) Hier beginnt das
Satzgefüge zunächst mit einer Alliteration „Weil
die Wahrheit", verknüpft zwei kurze, parallel
gebaute Relativsätze „was man redet" und „was
man tut" mit dem noch knapperen Einschub
„das ist" und endet mit dem im Stil eines
Epigramms rhythmisierten Satz: „kánn man
das Réden auch lássen." Voran geht dieser
Sentenz ein Bericht darüber, dass Michael Berg
nach der gescheiterten Ehe mit Gertrud den
folgenden Frauen nun von Hanna erzählen zu
müssen glaubte, ohne dass allerdings dadurch
die Substanz der Beziehungen intensiviert worden wäre. So dient die abschließende Sentenz als
Legitimation dafür, dass Michael künftig auf das
Erzählen verzichtet.

Sentenz als Fokus

Schließlich werden mit Sentenzen auch unterschiedliche Motivstränge miteinander verknüpft
und dem Leser Interpretationsangebote gemacht. So greift die Sentenz: „Nun ist Flucht
nicht nur weglaufen, sondern auch ankommen"
(S. 172) ein Motiv auf, das durch Michaels
Lektüre der „Odyssee" schon früh in den Roman
eingeführt wird (vgl. S. 42, 66). Mit dieser
Sentenz wird nun die Ambivalenz des Fliehens
und des Ankommens, bezogen auf Michaels
berufliche Flucht in die „Nische" (S. 172) der
Rechtsgeschichte, auf eine über das Private
hinausgehende Ebene gehoben. Wenn Flucht

nicht nur eine Bewegung ist, die von etwas „weg"-strebt, sondern auch zu etwas „hin"-führt, bekommt Michaels Flucht einen Sinn. Wenn er im Anschluss daran dann die „Odyssee" neu interpretiert und in ihr nicht mehr die Geschichte einer Heimkehr, sondern „die Geschichte einer Bewegung" sieht, „zugleich zielgerichtet und ziellos, erfolgreich und vergeblich" (S. 173), kann auch das Ankommen des Flüchtenden nur ein vorübergehendes sein.

Ausgewählte Literatur

Zu Schlinks „Vorleser" allgemein

Greese, Bettina / Peren-Eckert, Almut: Bernhard Schlink, Der Vorleser. Unterrichtsmodell. Mit Beiträgen von Sonja Pohsin. Neubearbeitung. Paderborn: Schöningh, 2000

Köster, Juliane: Bernhard Schlink: „Der Vorleser" (1995) – Eine Interpretation für die Schule. In: Der Deutschunterricht, 4/1999. S. 70–81

Moers, Helmut: Bernhard Schlink, Der Vorleser. Interpretationshilfe Deutsch. Freising: Stark 1999

Zur Thematik

Liebe und Schuld

Freud, Sigmund: Das Unbehagen in der Kultur. Studienausgabe Bd. IX. Frankfurt a. M.: Fischer, 1974. S. 191–270

Freud, Sigmund: Trauer und Melancholie. Studienausgabe Bd. III. Frankfurt a. M.: Fischer, 1974. S. 193–212

Kant, Immanuel: Die Metaphysik der Sitten. Werke in sechs Bänden. Hg. von Wilhelm Weischedel. Bd. IV. Darmstadt: Wiss. Buchgesellschaft, 1998. S. 303–634

Laplanche, J./Pontalis, J. B.: Das Vokabular der Psychoanalyse. Frankfurt a. M.: Suhrkamp, 1972

Die Vergangenheit vor Gericht

Blatman, Daniel: Die Todesmärsche – Entscheidungsträger, Mörder und Opfer. In: Herbert / Ort / Dieckmann, S. 1065–1092

Giordano, Ralph: Die zweite Schuld oder Von der Last Deutscher zu sein. Hamburg, Zürich: Rasch und Röhring, 1987

Goldhagen, Daniel Jonah: Hitlers willige Vollstrecker. Ganz gewöhnliche Deutsche und der Holocaust. Berlin: Siedler, 1996

Grabitz, Helge: Die Verfolgung nationalsozialistischer Gewaltverbrechen aus der Sicht einer damit befaßten Staatsanwältin. In: Weber / Steinbach, S. 84–99

Herbert, Ulrich / Orth, Karin / Dieckmann, Christoph (Hg.): Die nationalsozialistischen Konzentrationslager – Entwicklung und Struktur. 2 Bände. Göttingen: Wallstein, 1998

Hey, Bernd: Die NS-Prozesse – Probleme einer juristischen Vergangenheitsbewältigung. In: Weber / Steinbach, S. 51–70

Renz, Ulrich: Lauter pflichtbewußte Leute. Szenen aus NS-Prozessen. Köln: Bund, 1989

Rückerl, Adalbert: Die Strafverfolgung von NS-Verbrechern 1945–1978. Eine Dokumentation. Heidelberg, Karlsruhe: C.F. Müller, 1979

Rückerl, Adalbert: Staatsanwaltliche Ermittlung der NS-Verbrechen – Schwierigkeiten und Ergebnisse. In: Weber/Steinbach, S. 71–83

Schoeps, Julius H. (Hg.): Ein Volk von Mördern? Die Dokumentation zur Goldhagen-Kontroverse um die Rolle der Deutschen im Holocaust. Hamburg: Hoffmann & Campe, [5]1997

Weber, Jürgen/Steinbach, Peter: Vergangenheitsbewältigung durch Strafverfahren? NS-Prozesse in der Bundesrepublik Deutschland. München: Olzog, 1984 (Akademiebeiträge zur politischen Bildung, hg. von der Akademie für politische Bildung, Tutzing. Bd. 12)

Analphabetismus und Unmündigkeit

Döbert, Marion/Hubertus, Peter: Ihr Kreuz ist die Schrift. Analphabetismus und Alphabetisierung in Deutschland. Hg. vom Bundesverband Alphabetisierung e.V., Münster. Stuttgart: Klett, 2000

Hoffmann, Wolfgang u.a. (Hg.): Analphabetismus. Das Recht auf Lesen und Schreiben für Erwachsene. Frankfurt a.M.: Interkulturelle Kommunikation, 1992

Gündisch, Konrad: Siebenbürgen und die Siebenbürger Sachsen. http://www.sibiweb.de/geschi/siebsach.htm, Buchversion: München: Langen-Müller, 1998

Kant, Immanuel: Beantwortung der Frage: Was ist Aufklärung? Werke in sechs Bänden. Hg. von Wilhelm Weischedel. Bd. VI. Darmstadt: Wiss. Buchgesellschaft, 1998. S. 51–61

Kohlberg, Lawrence: Zur kognitiven Entwicklung des Kindes. Frankfurt a.M.: Suhrkamp 1974

Zur Erzählweise

Stanzel, Franz K.: Theorie des Erzählens. Göttingen: Vandenhoeck & Ruprecht, 1979

Ueding, Gert/Steinbrink, Bernd: Grundriss der Rhetorik. Geschichte, Technik, Methode. 3. überarb. u. erw. Auflage. Stuttgart, Weimar: Metzler, 1994

Rezensionen

Fuld, Werner: Drama eines zerstörten Lebens. Die Überraschung des Herbstes – Bernhard Schlinks kriminalistische Erforschung einer rätselhaften Liebe und bedrängenden Schuld. In: Focus, München, vom 30. 09. 95

Hage, Volker: Der Schatten der Tat. In: Der Spiegel, Hamburg, vom 20. 11. 95

Klingenmaier, Thomas: Eine Liebe in Deutschland. In: Stuttgarter Zeitung vom 22. 11. 1995

Kühner, Claudia: Ein Buch geht um die Welt. Bernhard Schlinks „Der Vorleser" erobert als erster deutschsprachiger Roman auch amerikanische Bestsellerlisten. In: Die Weltwoche, Zürich, 01. 04. 99

Löhndorf, Marion: Die Banalität des Bösen. Bernhard Schlinks Roman „Der Vorleser". In: Neue Züricher Zeitung vom 28. 10. 95

Moritz, Rainer: Die Liebe zur Aufseherin. Bernhard Schlinks Roman „Der Vorleser" – ganz einfach ein Glücksfall. In: Die Weltwoche, Zürich, 23. 11. 95

Stolleis, Michael: Die Schaffnerin. Bernhard Schlink läßt vorlesen. In: Frankfurter Allgemeine Zeitung vom 09. 09. 95